U0615457

容齋隨筆

4

宋 洪邁 著

明崇禎三年刊

第四册

容齋四筆序

始予作容齋一筆首尾十八年二筆十三年三筆五年而四筆之成不費一歲身益老而著書益速蓋有其說曩自越府歸謝絶外事獨弄筆紀述之習不可掃除故搜采異聞但緒夷堅志於議論雌黃不復關抱而稚子櫰每見夷堅滿紙輒曰隨筆夷堅皆大人素所游戲今隨筆不加益不應厚於彼而薄於此也日日立案旁必俟草一則乃退重逆其意則裒所憶而書之櫰

嗜讀書雖就寢猶置一編枕畔旦則與之俱興

而天嗇其付年且弱冠聰明殊未開以彼其勤

殆必有日丈夫愛憐少子此乎見之於是占抒

爲序并奬其志云慶元三年九月二十四日序

容齋四筆序

容齋四筆目録

第一卷　十九則

第二卷　二十則

第三卷十六則

第四卷 十五則

第五卷十四則

第六卷十五則

第七卷十四則

第八卷十七則

第九卷十六則

第十卷十七則

第十一卷 十八則

第十二卷十三則

第十三卷　二十四則

二朱詩詞　金剛經四句偈

四蓮華之名　黑法白法

多心經偈　天宮寶樹

白分黑分　月雙閏雙

踰繕那一由旬　七極微塵

宰相贈本生父母官

執政贈三代不同　唐孫處約事

夏侯勝京房兩傳　漢人坐語言獲罪

樞密書史

第十四卷十四則

第十五卷　十五則

第十六卷　十二則

取蜀將帥不利　李嶠楊再思

容齋四筆目録

容齋四筆卷第一　十九則

孔廟位次

自唐以來相傳以孔門高第顔淵至子夏爲十哲故坐祀於廟堂上其後升顔子配享則進曾子於堂居子夏之次以補其闕然顔子之父路曾子之父點乃在廡下從祀之列子處父上神靈有知何以自安所謂子雖齊聖不先父食正謂是也又孟子配食與顔子並而其師子思子思之師曾子亦在下此兩者於禮於義實爲未

然特相承既久莫之敢議耳

周三公不特置

周成王董正治官立太師太傅太保茲惟三公而云官不必備惟其人以書傳考之皆兼領六卿未嘗特置也周公既爲師然猶位冢宰尚書所載召公以太保領冢宰芮伯爲司徒彤伯爲宗伯畢公以太師領司馬衛侯爲司寇毛公以太傅領司空是巳其所次第惟以六卿爲先後而師傅之尊乃居太保下也

周公作金縢

尚書孔氏所傳五十九篇皆有序其出於史官者不言其人作如虞書五篇紀一時君臣吁咈都俞及識其政事如說命武成顧命康王之誥召誥自惟二月既望至越自乃御事洛誥自戊辰王在新邑至篇終蔡仲之命自惟周公位冢宰至邦之蔡皆然如指言其人所作則伊尹作伊訓太甲咸有一德盤庚三篇周公作大誥康誥酒誥梓材多士無逸君奭多方立政是也惟

金縢之篇首尾皆敘事而直以爲周公作按此篇除册祝三王外餘皆周史之詞如公乃自以爲功公歸納册公將不利於孺子公乃爲詩以貽王王亦未敢誚公公命我勿敢言天動威以彰周公之德公勤勞王家之語出郊反風之異決非周公所自爲今不復可質究矣

雲夢澤

雲夢楚澤藪也列於周禮職方氏鄭氏曰在華容漢志有雲夢官然其實雲也夢也各爲一處

禹貢所書雲土夢作乂注云在江南惟左傳得
其詳如䢵夫人棄子文于夢中注云夢澤名在
江夏安陸縣城東南楚子田江南之夢注云楚
之雲夢跨江南北楚子濟江入于雲中注入雲
澤中所謂江南之夢然則雲在江之北夢在其
南也上林賦楚有七澤嘗見其一名曰雲夢特
其小小者耳方九百里此乃司馬長卿夸言今
爲縣隷德安詢諸役人已不能的指疆域職方
氏以夢爲瞢前漢敘傳子文投於夢中音皆同

關雎不同

關雎爲國風首毛氏列之於三百篇之前大序云后妃之德也而魯詩云后夫人雞鳴佩玉去君所周康王后不然故詩人歎而傷之後漢皇后紀序康王晏朝關雎作諷蓋用此也顯宗永平八年詔云昔應門失守關雎刺世注引春秋說題辭曰人主不正應門失守故歌關雎以感之宋均云應門聽政之處也言不以政事爲務則有宜淫之心關雎樂而不淫思得賢人與之

共化修應門之政者也薛氏韓詩章句曰詩人言雎鳩正潔敬匹以聲相求隱蔽于無人之處故人君退朝入于私宮后妃御見有度應門擊柝鼓人上堂退反燕處體安志明今時大人內傾于色賢人見其萌故詠關雎之說淑女正容儀以刺時三說不同如此黍離之詩列於王國風之首周大夫所作也而齊詩以為衛宣公之子壽閔其兄伋之且見害作憂思之詩黍離之詩是也此說尤為可議

迷癡 厥撥

柔詞諂笑專取容悅世俗謂之迷癡亦曰迷嬉中心有愧見諸顏面者謂之緬䩄舉措脫落緬事乖忤者謂之厥撥雖爲俚言然其說皆有所本列子云墨尿單至嘽咺憋懯四人相與游於世又云眠娗諈諉勇敢怯疑四人亦相與游張湛注云墨音眉尿勑夷反方言江淮之閒謂之無賴眠音緬娗音殄方言欺謾之語也郭璞云調以言相輕嗤弄也所釋雖不同然大略具是

矣曲禮衣毋撥足毋蹶鄭氏注云撥發揚皃蹶
行遽皃大抵亦指其荒率也

三館祕閣

國朝儒館仍唐制有四曰昭文館曰史館曰集
賢院曰祕閣率以上相領昭文大學士其次監
修國史其次領集賢若只兩相則首廳兼國史
唯祕閣最低故但以兩制判之四局各置直官
均謂之館職皆稱學士其下則爲挍理撿討挍
勘地望清切非名流不得處范景仁爲館閣挍

勘當遷校理宰相麗籍言范鎮有異才恬於進取乃除直祕閣司馬公作詩賀之曰延閣屹中天積書雲漢連神宗重其選謂太宗也國士比爲仙玉檻鉤陳上丹梯北斗邊帝容瞻日角宸翰照星躔職秩曾無貴光華在得賢其重如此自熙寧以來或頗用賞勞元豐官制行不置昭文集賢以史館入著作局而直祕閣只爲貼職至崇寧政宣以處大臣子弟姻戚其濫及於錢穀文俗吏士大夫不復貴重然除此職者必詣館下

拜閣乃具盛筵邀見在三館者宴集秋日暴書宴皆得預席若餘日則不許至隨筆有館職名存一則云

亭榭立名

立亭榭名最易蹈襲既不可近俗而務爲奇澁亦非是東坡見一客云近看晉書問之曰曾尋得好亭子名否蓋謂其難也秦楚材在宣城於城外並江作亭目之曰知有用杜詩巳知出郭少塵事更有澄江消客愁之句也王仲衡在會

稽於後山作亭目之曰白涼亦用杜詩越女天下白鑑湖五月涼之句二者可謂甚新然要爲未當廬山一寺中有亭頗幽勝或標之曰不更歸取韓詩末句亦可笑也

十十錢

市肆間交易論錢陌者云十十錢言其足數滿百無饒減也其語至俗然亦有所本後漢書襄楷傳引宫崇所獻神書其太平經與帝王篇云開其玉戶施種於中比若春種於地也十十相

應和而生其施不以其時比若十月種物於地也十十盡死固無生者其書不傳於今唐章懷太子注釋之時尚猶存也此所謂十十蓋言十種十生無一失耳其盡死之義亦然與錢陌之事殊然其字則同也

犀舟

張衡應閒云犀舟勁檝後漢注引前書羌戎弓矛之兵器不犀利音義曰今俗謂刀兵利爲犀犀堅也犀舟甚新奇然爲文者未嘗用亦處子

所見之不博也

畢仲游二書

元祐初司馬溫公當國盡改王荆公所行政事士大夫言利害者以千百數聞朝廷更化莫不驩然相賀唯畢仲游書究盡本末其略云昔安石以興作之説動先帝而患財之不足也故凡政之可以得民財者無不用蓋散青苗置市易斂役錢變鹽法者事也而欲興作患不足者情也苟未能杜其興作之情而徒欲禁其散斂

變置之事是以百說而百不行今遂欲廢青苗
罷市易蠲役錢去鹽法凡號爲財利而傷民者
一掃而更之則向來用事於新法者必不喜矣
不喜之人必不但曰青苗不可廢市易不可罷
役錢不可蠲鹽法不可去必探不足之情言不
足之事以動上意雖致石人而使聽之猶將動
也如是則廢者可復散罷者可復置蠲者可復
斂去者可復存矣則不足之情可不預治哉爲
今之策當大舉天下之計深明出入之數以諸

路所積之錢粟一歸地官使經費可支二十年之用數年之間又將十倍於今日使天子曉然知天下之餘於財也則不足之論不得陳於前然後所謂新法者始可永罷而不復行矣昔安石之居位也中外莫非其人故其法能行今欲捄前日之敝而左右侍從職司使者十有七八皆安石之徒雖起一二舊臣用六七君子然累百之中存其十數烏在其勢之可爲也勢未可爲而欲爲之則青苗雖廢將復散況未廢乎市

易雖罷且復置況未罷乎役錢鹽法亦莫不然
以此揆前日之徼如人久病而少閒其父兄子
弟喜見顔色而未敢賀者意其病之在也先是
東坡公在館閣頗因言語文章規切時政仲游
憂其及禍貽書戒之曰孟軻不得已而後辯孔
子欲無言古人所以精謀極慮固功業而養壽
命者未嘗不出乎此君自立朝以來禍福利害
繫身者未嘗言顧直惜其言爾夫言語之累不
特出口者爲言其形于詩歌贊于賦頌託于碑

銘著于序記者亦言也今知畏於口而未畏於文是其所是則見是者喜非其所非則蒙非者怨喜者未能濟君之謀而怨者或已敗君之事矣天下論君之文如孫臏之用兵扁鵲之醫疾固所指名者矣雖無是非之言猶有是非之疑又況其有耶官非諫臣職非御史而非人所未非是人所未是危身觸諱以游其閒殆由抱石而救溺也二公得書聳然竟如其慮予頃修史時因得其集讀之一書思欲爲之表見故官雖不

顯亦爲之立傳云

列子與佛經相參

張湛序列子云其書大略明羣有以至虚爲宗萬品以終滅爲驗神惠以凝寂常全想念以著物自喪生覺與夢化等情所明往往與佛經相參予讀天瑞篇載林類答子貢之言曰死之與生一往一反故死於是者安知不生於彼故吾知其不相若矣吾又安知吾今之死不愈昔之生乎此一節所謂與佛經相參者也又云商太

宰問孔子三王五帝三皇聖者歟孔子皆曰弗知太宰曰然則孰者爲聖孔子曰西方之人有聖者焉不治而不亂不言而自信不化而自行蕩蕩乎民無能名焉丘疑其爲聖弗知眞爲聖歟眞不聖歟其後論者以爲列子所言乃佛也寄於孔子云

韋孟詩乖踈

漢書韋賢傳載韋孟詩二篇及其孫元成詩一篇皆深有三百篇風致但韋孟諷諫云肅肅我

祖國自豕韋總齊羣邦以翼大商至于有周歷世會同王赧聽讚寔絶我邦我邦既絶厥政斯逸賞罰之行非繇王室庶尹羣后靡扶靡衞五服崩離宗周以隊應劭曰王赧聽讒受譖絶豕韋氏自是政教逸漏不由王者觀孟之自敘乃祖而乖踈如是周至赧王僅存七邑救亡不暇豈能絶侯邦乎周之積微久矣非因絶豕韋一國然後五服崩離也其妄固不待攻而應劭又從而實之尤爲可笑左傳書范宣子之言曰匃

之祖在商爲豕韋氏在周爲唐杜氏杜預曰豕韋國於東郡白馬縣殷末國於唐周成王滅之此最可證惜顔師古之不引用也

康衡守正

漢元帝時貢禹奏言天子七廟親盡之廟宜毀及郡國廟不應古禮宜正定天子下其議未及施行而禹卒後乃下詔先罷郡國廟其親盡寢園皆無復修已而上寢疾夢祖宗譴罷郡國廟詔問丞相康衡議欲復之衡深言不可上疾久

不平衡皇恐禱高祖孝文孝武廟曰親廟宜一
居京師今皇帝有疾不豫廼夢祖宗見戒以廟
皇帝悼懼即詔臣衡復修立如誠非禮義之中
違祖宗之心咎盡在臣衡當受其殃又告謝毀
廟曰還廟合祭久長之策今皇帝乃有疾願復
修立承祀臣衡等咸以爲禮不得如不合諸帝
后之意罪盡在臣衡等當受其咎今詔中朝臣
具復毀廟之文臣衡以爲天子之祀義有所斷
無所依緣以作其文事如失措罪廼在臣衡子

按衡平生佞諛專附石顯以取大位而此一節獨据經守禮其禱廟之文殆與金縢之册祝相似而不爲後世所稱述漢史又不書於本傳憎而知其善可也郊祀志南山巫祠秦中秦中者三世皇帝也以其彊死鬼𩲡爲厲故祠之成帝時康衡奏罷之亦可書

西極化人

列子載周穆王時西極之國有化人來王敬之若神化人謁王同游王執化人之袪騰而上者

中天乃止暨及化人之宫自以居數十年不思其國復謁王同游意迷精喪請化人求還既寤所坐猶嚮者之處侍御猶嚮者之人視其前則酒未清肴未昲王問所從來左右曰王默存耳穆王自失者三月復問化人化人曰吾與王神游也形奚動哉予然後知唐人所著南柯太守黃粱夢櫻桃青衣之類皆本乎此

詔令不可輕出

人君一話一言不宜輕發況於詔令形播告者

哉漢光武初即位既立郭氏爲皇后矣時陰麗華爲貴人帝欲崇以尊位后固辭以郭氏有子終不肯當建武九年遂下詔曰吾以貴人有母儀之美宜立爲后而固辭不敢當列於媵妾朕嘉其義讓許封諸弟乃追爵其父及弟爲侯皆前世妃嬪所未有至十七年竟廢郭后及太子彊而立貴人爲后葢九年之詔既行主意移奪已見之矣郭后豈得安其位乎

戰國策

劉向序戰國策言其書錯亂相揉莒本字多誤脫爲半字以趙爲肖以齊爲立如此類者多予按今傳於世者大抵不可讀其韓非子新序說苑韓詩外傳高士傳史記索隱太平御覽北堂書鈔藝文類聚諸書所引用者多今本所無向博極羣書但擇焉不精不止於文字脫誤而已惟太史公史記所采之事九十有三則明白光艷悉可稽考視向爲有間矣

范曄漢志

沈約作宋書謝儼傳曰范曄所撰十志一皆託
儼搜撰垂畢遇曄敗悉蠟以覆車宋文帝令丹
陽尹徐湛之就儼尋求已不復得一代以爲恨
其志今闕曄本傳載曄在獄中與諸生姪書曰
旣造後漢欲徧作諸志前漢所有者悉令備雖
事不必多且使見文得盡又欲因事就卷內發
論以正一代得失意復不果此說與儼傳不同
然儼傳所云乃范紀第十卷公主注中引之今
宋書却無殊不可曉劉昭注補志三十卷至本

朝乾興元年判國子監孫奭始奏以備前史之闕故淳化五年監中所刊後漢書凡九十卷惟帝后紀十卷列傳八十卷而無志云新唐書藝文志劉昭補注後漢書五十八卷不知昭爲何代人所謂志三十卷當在其中也

禳修犯土

今世俗營建宅舍或小遭疾厄皆云犯土故道家有謝土司章醮之文按後漢書來歷傳所載安帝時皇太子驚病不安避幸乳母野王君王

聖舍太子廚監郟吉以爲聖舍新繕修犯土禁不可久御然則古有其說矣

容齋四筆卷第一

容齋四筆卷第二 二十則

諸家經學興廢

稚子問漢儒所傳授諸經各名其家而今或存或不存請盡其本末爲四筆一則乃爲采摭班史及陸德明經典釋文并他書删取綱要詳載於此周易傳自商瞿始至漢初田何以之顓門其後爲施讎孟喜梁丘賀之學又有京房費直高相三家至後漢高氏已微晉永嘉之亂梁丘之易亡孟京費氏人無傳者唯鄭康成王弼所

注行于世江左中興欲置鄭易博士不果立而弼猶爲世所重韓康伯等十人並注繫辭今唯韓傳尚書自漢文帝時伏生得二十九篇其後爲大小夏侯之學古文者武帝時出於孔壁凡五十九篇詔孔安國作傳遭巫蠱事不獲以聞遂不列於學官其本殆絶是以馬鄭杜預之徒皆謂之逸書王肅嘗爲注解至晉元帝時孔傳始出而亡舜典一篇乃取肅所注堯典分以續之學徒遂盛及唐以來馬鄭王注遂廢今以孔

氏爲正云詩自子夏之後至漢興分而爲四魯申公曰魯詩齊轅固生曰齊詩燕韓嬰曰韓詩皆刻博士毛詩者出於河間人大毛公爲之故訓以授小毛公爲獻王博士以不在漢朝不列於學鄭衆賈逵馬融皆作詩注及鄭康成作箋三家遂廢齊詩久亡魯詩不過江東韓詩雖在人無傳者唯毛詩鄭箋獨立國學今所遵用漢高堂生傳士禮十七篇即今之儀禮也古禮經五十六篇后蒼傳十七篇曰后氏曲臺記所餘

二十九篇名爲逸禮戴德刪古禮二百四篇爲八十五篇謂之大戴禮戴聖又刪爲四十九篇謂之小戴禮馬融盧植考諸家異同附戴聖篇章去其煩重及所缺略而行於世即今之禮記也王莽時劉歆始建立周官經以爲周禮在三禮中最爲晚出左氏爲春秋傳又有公羊穀梁鄒氏夾氏鄒氏無師夾氏無書公羊興於景帝時穀梁盛於宣帝時而左氏終西漢不顯迨章帝乃令賈逵作訓詁自是左氏大興二傳漸微

矣古文孝經二十二章世不復行只用鄭注十八章本論語三家魯論語者魯人所傳即今所行篇次是也齊論語者齊人所傳凡二十二篇古論語者出自孔壁凡二十一篇各有章句魏何晏集諸家之說爲集解今盛行於世

漢人姓名

西漢名人如公孫弘董仲舒朱買臣丙吉王褒貢禹皆有異世與之同姓名者戰國策及呂氏春秋齊有公孫弘與秦王孟嘗君言者明帝時

又有幽州從事公孫弘交通楚王英見於虞延傳高祖時又有謁者貢禹梁元帝時有武昌太守朱買臣尚書左僕射王褒後漢安帝時有太子廚監邴吉南齊武帝之子巴東王子響爲荆州刺史要直閣將軍董蠻與同行蠻曰殿下癲如雷敢相隨耶子響曰君敢出此語亦復奇癲上聞而不悦曰人名蠻復何容得醞藉乃改爲仲舒謂曰今日仲舒何如昔日仲舒答曰昔日仲舒出自私庭今日仲舒降自先帝以此言之

勝昔遠矣然此人後不復見

輕浮稱謂

南齊陸慧曉立身清肅爲諸王長史行事僚佐以下造詣必起迎之或曰長史貴重不宜妄自謙屈答曰我性惡人無禮不容不以禮處人未嘗卿士大夫或問其故慧曉曰貴人不可卿而賤者乃可卿人生何容立輕重於懷抱終身常呼人位今世俗浮薄少年或身爲卑官而與尊者言語稱其儕流必曰某丈談其所事牧伯監

司亦然至於當他人父兄尊長之前語及其子孫甥壻亦云某丈或妄稱宰相執政貴人之字皆大不識事分者習慣以然元非簡傲也予常以戒兒輩云

鬼谷子書

鬼谷子與蘇秦張儀書曰二足下功名赫赫但春華至秋不得久茂今二子好朝露之榮忽長久之功輕喬松之永延貴一旦之浮爵夫女愛不極席男歡不畢輪痛哉夫君戰國策楚江乙

謂安陵君曰以財交者財盡而交絶以色交者華落而愛渝是以嬖女不敝席寵臣不敝軒呂不韋説華陽夫人曰以色事人者色衰而愛弛詩氓之序曰華落色衰復相棄背是諸説大抵意同皆以色而爲喻士之嗜進而不知自反者尚監兹哉

有美堂詩

東坡在杭州作有美堂會客詩頷聯云天外黑風吹海立浙東飛雨過江來讀者疑海不能立

黃魯直曰蓋是爲老杜所誤因舉三大禮賦朝獻太清宫云九天之雲下垂四海之水皆立以告之二者皆句語雄峻前無古人坡和陶停雲詩有雲屯九河雪立三江之句亦用此也

張天覺小簡

張天覺熙寧中爲渝州南川宰章子厚經制夔夷狎侮州縣吏無人敢與共語部使者念獨張可亢之檄至夔子厚詢人才使者以告即呼入同食張著道士服長揖就坐子厚肆意大言張

隨機折之落落出其上子厚大喜延爲上客歸而薦諸王介甫遂得召用政和六年張在荊南與子厚之子致平一帖云老夫行年七十有四日閱佛書四五卷早晚食米一升麪五兩肉八兩魚酒佐之以此爲常亦不服煖藥唯以呼吸氣晝夜合天度而已數數夢見先相公語論如平生豈其人在天仙閒而老夫定中神遊或遇之乎嗟乎安得奇男子如先相公者一快吾胸中哉此帖藏致平家其曾孫簡刻諸石予今年

亦七十四歲姪孫偲於長興得墨本以相示聊記之云

城狐社鼠

城狐不灌社鼠不燻謂其所棲穴者得所憑依此古語也故議論者率指人君左右近習爲城狐社鼠予讀説苑所載孟嘗君之客曰狐者人之所攻也鼠者人之所燻也臣未嘗見稷狐見攻社鼠見燻何則所託者然也稷狐之字甚奇且新

用兵爲臣下利

富公奉使契丹虜主言欲舉兵公曰北朝與中國通好則人主專其利而臣下無所獲若用兵則利歸臣下而人主任其禍故北朝羣臣爭勸舉兵者此皆其自謀非國計也勝負未可知就使其勝所亡士馬羣臣當之歟抑人主當之歟是時語錄傳於四方蘇明允讀至此曰此一段議論古人有之否東坡年未十歲在傍對曰記得嚴安上書云今徇南夷朝夜郎略薉州建城

邑深入匈奴燔其龍城議者美之此人臣之利非天下之長策也正是此意明允以爲然予又記魏太武時南邊諸將表稱宋人大嚴將入寇請先其未發逆擊之魏公卿皆以爲當崔伯深曰朝廷羣臣及西北守將從陛下征伐西平赫連北破蠕蠕多獲美女珍寶南邊諸將聞而慕之亦欲南鈔以取資財皆營私計爲國生事不可從也魏主乃止其論亦然

誌文不可冗

東坡爲張文定公作墓誌銘有答其子厚之一書云志文路中已作得太半到此百冗未絕筆計得十日半月乃成然書大事略小節已有六千餘字若纖悉盡書萬字不了古無此例也知之知之蓋當時恕之意但欲務多耳又一帖云志文謁告數日方寫得了謹遣持納裹病眼眩辭翰皆不佳不知可用否今誌文正本凡七千一百字銘詩百六十字云予鄉士作一列大夫小郡守行狀九千言衢州士人詣闕上書二萬

言使讀之者豈不厭倦作文者宜戒之坡帖藏
梁氏竹齋趙晉臣鐫石於湖南憲司楚觀

趙殺鳴犢

漢書劉輔傳谷永等上書曰趙簡子殺其大夫
鳴犢孔子臨河而還張晏注曰簡子欲分晉國
故先殺鳴犢又聘孔子孔子聞其死至河而還
也顔師古曰戰國策說二人姓名云鳴犢鐸犨
而史記及古今人表並以爲鳴犢竇犨蓋鐸犢
及竇其聲相近故有不同耳今永等指鳴犢一

人不論賓犨也韓退之將歸操亦云孔子之趙聞殺鳴犢作予按今本史記孔子世家乃以爲竇鳴犢舜華說苑權謀篇云晉有澤鳴犢犨其不同如此

五帝官天下

漢蓋寬饒奏封事引韓氏易傳言五帝官天下三王家天下家以傳子官以傳賢若四時之運成功者去坐指意欲求禪而死故或云自後稱天子爲官家蓋出於此今世無韓氏易諸家注

釋漢書皆無一語惟説苑至公篇云秦始皇帝既吞天下召羣臣議五帝禪賢三王世繼孰是博士鮑令之對曰天下官則選賢是也天下家則世繼是也故五帝以天下爲官三王以天下爲家始皇帝歎曰吾德出于五帝吾將官天下誰可使代我後者此説可以爲證輒記之以補漢注之缺蔣濟萬機論亦有官天下家天下之語

黄帝李法

漢書胡建傳黃帝李法蘇林曰獄官名也天文志左角李右角將顔師古曰李者法官之號也其書曰李法唐世系表李氏自皐陶爲堯大理歷虞夏商世世作此官以官命族爲理氏至紂之時逃難於伊侯之墟食木子得全遂改理爲李氏予按今本漢書天文志騎官左角理乃用理字而史記天官書則爲李説苑載胡建事亦爲理法然則理李一也故左傳數云行李往來杜預注曰行李使人也至鄭子產與晉盟于平

丘則曰行理之命注亦云行理使人通聘問者其義益明臯陶作大理傳子孫不改迨商之季幾千二百年世官久任倉氏庫氏不足道矣表系疑不可信

抄傳文書之誤

今代所傳文書筆吏不謹至於成行脫漏予在三館假庾自直類文先以正本點撿中有數卷皆以後板爲前予令書庫整頓然後録之他多類此周益公以蘇魏公集付太平州鏤板亦先

爲勘按其所作東山長老語録序云側定政宗無用所以爲用因蹄得兎忘言而後可言以上一句不明白又與下不對析簡來問予億莊子曰地非不廣且大也人之所用容足爾然而廁足而墊之致黃泉知無用而後可以言用矣始驗側定政宗當是廁足致泉正與下文相應四字皆誤也因記曾紘所書陶淵明讀山海經詩云形夭無千歲猛志固常在疑上下文義若不貫遂取山海經參按則云刑天獸名也口中好

銜干戚而舞乃知是刑天舞干戚故與下句相應五字皆訛以語友人岑公休晁之道皆撫掌驚歎亟取所藏本是正之此一節甚類蘇集云

二十八宿

二十八宿宿音秀若考其義則止當讀如本音嘗記前人有說如此說苑辯物篇曰天之五星運氣於五行所謂宿者日月五星之所宿也其義昭然

大觀元夕詩

大觀初年京師以元夕張燈開宴時再復湟鄯徽宗賦詩賜羣臣其頷聯云午夜笙歌連海嶠春風燈火過湟中席上和者皆莫及開封尹宋喬年不能詩密走介求援於其客周子雍得句云風生閶闔春來早月到蓬萊夜未中爲時輩所稱子雍汝陰人曾受學於陳無己故有句法則作文爲詩者可無師承乎

顔魯公帖

顔魯公忠義氣節史策畧盡偶閲臨汝石刻見

一帖云政可守不可不守吾去歲中言事得罪又不能適道苟時爲千古罪人也雖貶居遠方終身不恥汝曹當須謂吾之志不可不守也此是獨赴謫地而與其子孫者無由考其歲月千載之下使人讀之尚可畏而仰也

文潞公奏除改官制

自熙寧以來士大夫資歷之法日趨於壞歲甚一歲久而不可復清近年愈甚綜核之制未嘗能守偶見文潞公在元祐中任平章軍國重事

宣仁面諭令具自來除授官職次序一本進呈
公遂具除改舊制節目以奏其一云吏部選兩
任親民有舉主升通判通判兩任滿有舉主升
知州軍謂之常調知州軍有績効或有舉薦名
實相副者特擢升轉運使副判官或提點刑獄
府推判官謂之出常調轉運使有路分輕重遠
近之差河北陝西河東三路爲重路歲滿多任
三司使副或發運使發運任滿亦充三司副使
成都路次三路京東西淮南又其次江東西荆

湖兩浙又次之二廣福建梓利夔路爲遠小已上三等路分轉運任滿或就移近上次等路分或歸任省府判官漸次擢充三路重任內提點刑獄則不拘路分輕重除授潞公所奏乃是治平以前常行令一切蕩然矣京朝官未嘗肯兩任親民纔爲通判便望州郡至於監司旣無輕重遠近之間不復以序升擢云

待制知制誥

慶曆七年曾魯公公亮自脩起居注除天章閣

待制時陳恭公獨爲相其弟婦王氏冀公孫女曾出也當月旦出拜恭公迎語之曰六新婦曾三做從官想甚喜應聲對曰三舅荷伯伯提挈極驩喜只是外婆不樂恭公問故曰外婆見三舅來謝責之曰汝第五人及第當過詞掖想是全廢學故朝廷如此處汝恭公默然自失後竟改知制誥蓋恭公不由科第不諳典故致受譏於女子而此女對答之時元未嘗往外家也其警慧如此國家故事修注官次補必知制誥惟

趙康靖公以歐陽公位在下而欲先遷司馬公以力辭三字皆除待制其雜壓先後可見云

裴行儉景陽

裴行儉爲定襄道大總管討突厥大軍次單于北暮已立營塹壕既周更命徙營高岡吏白士安堵不可擾不聽促徙之比夜風雨暴至前占營所水深丈餘衆莫不駭歎問何以知之行儉曰自今第如我節制毋問我所以知也按戰國策云齊韓魏共攻燕楚王使景陽將而救之暮

令使左右司馬各營壁地已植表景陽怒曰女所營者水皆至滅表此焉可以舍乃令徙明日大雨山水大出所營者水皆滅表軍吏乃服二事正同而景陽之事不傳

北人重甘蔗

甘蔗只生於南方北人嗜之而不可得魏太武至彭城遣人於武陵王處求酒及甘蔗郭汾陽在汾上代宗賜甘蔗二十條子虛賦所云諸柘巴且諸柘者甘柘也蓋相如指言楚雲夢之物

漢郊祀歌泰尊柘漿亦謂取甘蔗汁以爲飲

容齋四筆卷第二

容齋四筆卷第三十六則

韓退之張籍書

韓公集中有答張籍二書，其前篇曰：吾子所論排釋老不若著書，若僕之見則有異乎此。請待五六十然後爲之。吾子又譏吾與人爲無實駁雜之説，此吾所以爲戲耳。若商論不能下氣，或似有之，博塞之譏，敢不承教。後篇曰：二氏行乎中土蓋六百年，非可以朝令而夕禁，俟五六十爲之未失也。謂吾與人商論不能下氣，若好勝者雖誠有之抑非好巳勝也好巳之道勝也駁雜之譏前書盡之昔者夫子猶有所戲烏害於道哉大略籍所論四事乞著書譏駁雜諫商論好勝及博塞也今得籍所與書前篇曰漢之衰浮圖之法入中國黄老之術相沿而熾盍爲一書以與存聖人之道執事多尚駁雜無實之説使人陳之前以爲懽此有累於盛德又商論之際或不容人之短如任私尚勝者亦有所累也况爲博塞之戲與人競財乎廢棄日時不識其

然願絶博塞之好棄無實之談弘慮以接上嗣孟軻揚雄之作使聖人之道復見於唐後篇曰老釋惑於生人久矣執事可以任者書之事君子汲汲於所欲爲若皆待五十六十而後有所爲則或有遺恨矣君子發言舉足不遠於禮未聞以駮雜無實之説以爲戲也執事每見其説則拊抃呼笑是撓氣害性不得其正矣籍之一書甚勁而直但稱韓公爲執事不曰先生考其時乃云執事參於戎府按韓公以正元十二年

爲汴州推官時年二十有九十五年爲徐州推官時年三十有二年位未盛籍未以師禮事之云

韓公稱李杜

新唐書杜甫傳贊曰昌黎韓愈於文章重許可至歌詩獨推曰李杜文章在光焰萬丈長誠可信云予讀韓詩其稱李杜者數端聊疏於此石鼓歌曰少陵無人謫僊死才薄將奈石鼓何酬盧雲夫曰高揖羣公謝名譽遠追甫白感至誠

薦士曰勃興得李杜萬類困淩暴醉留東野曰昔年因讀李白杜甫詩長恨二人不相從感春曰近憐李杜無檢束爛漫長醉多文辭并唐志所引蓋六用之

此日足可惜

韓退之此日足可惜一首贈張籍凡百四十句雜用東冬江陽庚青六韻及其亡也籍作詩祭之凡百六十六句用陽庚二韻其語鏗鏘震厲全倣韓體所謂乃出二侍女合彈琵琶筝者是

也

粉白黛黑

韓退之爲文章不肯蹈襲前人一言一句故其語曰惟陳言之務去戞戞乎其難哉獨粉白黛緑四字似有所因列子周穆王築中天之臺簡鄭衞之處子娥媌靡曼者粉白黛黑以滿之戰國策張儀謂楚王曰鄭周之女粉白黛黑立於衢閭見者以爲神屈原大招粉白黛黑施芳澤只司馬相如靚莊刻飾郭璞曰粉白黛黑也淮

南子毛嬙西施施芳澤正娥眉設笄珥衣阿錫粉白黛黑笑目流眺韓公以黑爲緑其旨則同

李杜往來詩

李太白杜子美在布衣時同游梁宋爲詩酒會心之友以杜集考之其稱太白及懷贈之篇甚多如李侯金閨彥脫身事幽討南尋禹穴見李白道甫問訊今何如李白一斗詩百篇自稱臣是酒中僊近來海內爲長句汝與山東李白好昔者與高李晚登單父臺李侯有佳句往往似

陰鏗憶與高李輩論交入酒壚白也詩無敵飄然思不羣昔年有狂客號爾謫僊人落月滿屋梁猶疑照顏色三夜頻夢君情親見君意秋來相顧尚飄蓬未就丹砂愧葛洪寂寞書齋裏終朝獨爾思涼風起天末君子意何如不見李生久佯狂眞可哀凡十四五篇至於太白與子美詩略不見一句或謂堯祠亭別杜補闕者是已乃殊不然杜但爲右拾遺不曾任補闕兼自諫省出爲華州司功迤邐避難入蜀未嘗復至東

州所謂飯顆山頭之嘲亦好事者所撰耳

李太白怖州州佐

李太白上安州裴長史書云白竊慕高義得趨末塵何圖謗言忽生衆口攢毀將恐投杼下客震於嚴威若使事得其實罪當其身則將浴蘭沐芳自屏於烹鮮之地惟君侯死生之願君侯惠以大遇洞開心顔終乎前恩再辱英眄必能使精誠動天長虹貫日若赫然作威加以大怒即膝行而前再拜而去耳裴君不知何如人至

譽其貴而且賢名飛天京天才超然度越作者稜威雄雄下慴羣物予謂白以白衣入翰林其蓋世英姿能使高力士脱鞾於殿上豈拘拘然怖一州佐者耶蓋時有屈伸正自不得不爾大賢不偶神龍困於螻蟻可勝歎哉白此書自敘其平生云昔與蜀中友人吳指南死於洞庭之上白禫服慟哭炎月伏屍猛虎前臨堅守不動遂權殯於湖側數年來觀筋骨尚在雪泣持刃躬申洗削裹骨徒步負之而趨寢興攜持無輟

身手遂丐貸營葬於郢城其存交重義如此又與逸人東巖子隱於岷山巢居數年不跡城市養奇禽千計呼皆就掌取食了無驚猜其養高忘機如此而史傳不爲書之亦爲未盡

祝不勝詛

齊景公有疾梁丘據請誅祝史晏子曰祝有益也詛亦有損聊攝以東姑尤以西其爲人也多矣雖其善祝豈能勝億兆人之詛晉中行寅將亡召其太祝欲加罪曰子爲我祝齋戒不敬使

吾國亡祝簡對曰今舟車飾賦斂厚民怨謗詛多矣苟以爲祝有益於國則詛亦將爲損一人祝之一國詛之一祝不勝萬詛國亡不亦宜乎祝其何罪此二說若出一口眞藥石之言也

呂子論學

呂子曰天生人而使其耳可以聞不學其聞則不若聾使其目可以見不學其見則不若盲使其口可以言不學其言則不若喑使其心可以智不學其智則不若狂故凡學非能益之也達

天性也能全天之所生而勿敗之可謂善學者矣此說甚美而罕爲學者所稱故書以自戒

曾太皇太后

唐德宗即位訪求其母沈太后歷順宗及憲宗時爲曾祖母故稱爲曾太皇太后蓋别於祖母也舊新二唐書紀皆載之今慈福太皇太后在壽康太上時已加尊稱若於主上則爲曾祖母當用唐故事加曾字向者嘗以告宰相而省吏以爲典故所無天子遠事三世安得有前比亦

可謂不知禮矣又嗣濮王士歆在隆興爲從叔祖在紹熙爲曾叔祖慶元爲高叔祖矣而仍稱皇叔祖如故士歆視嗣秀王伯圭爲從祖今圭稱皇伯祖而歆但爲皇叔祖乃是弟爾禮寺亦以爲國朝以來無稱曾高者彼蓋不知累朝尊屬元未之有也

中天之臺

中天之臺有二其一列子曰西極化人見周穆王王爲之改築宮室土木之功赭堊之色無遺

巧焉五府爲虛而臺始成其高千仞臨終南之
上名曰中天之臺其一新序曰魏王將起中天
臺許綰負操鍤入曰臣能商臺王曰若何曰天
與地相去萬五千里今王因而半之當起七千
五百里之臺高既如是其趾須方八千里盡王
之地不足以爲臺趾必起此臺先以兵伐諸侯
盡有其地又伐四夷得方八千里乃足以爲臺
趾度八千里之外當定農畝之地足以奉給王
之臺者臺具以備乃可以作王默然無以應乃

罷起臺

實年官年

士大夫敘官閥有所謂實年官年兩說前此未嘗見於官文書大抵布衣應舉必減歲數蓋少壯者欲藉此爲求昏地不幸潦倒場屋勉從特恩則年未六十始許入仕不得不豫爲之圖至公卿任子欲其早列仕籍或正在童孺故率增擡庚甲有至數歲者然守義之士猶曰兒曹甫策名委質而父祖先導之以挾詐欺君不可也

比者以朝臣屢言年及七十者不許任監司郡守搢紳多不自安爭引年以決去就江東提刑李信甫雖春秋過七十而官年損其五堅乞致仕有旨官年未及與之外祠知房州章騆六十八歲而官年增其三亦求罷去諸司以其精力未衰援實爲請有旨聽終任知嚴州秦焴乞祠之疏曰實年六十五而官年已踰七十遂得去齊慶胄寧國乞歸亦曰實年七十而官年六十七於是實年官年之字形於制書播告中外是

君臣上下公相爲欺也掌故之野甚矣此豈可紀於史録哉

雷公炮炙論

雷公炮炙論載一藥而能治重疾者今醫家罕用之聊志於此其說云髮眉墮落塗半夏而立生目辟眼聯有五花而自正脚生肉𣔻裩繫菪根囊皺漩多夜煎竹木體寒腹大全賴鸕鷀血泛經過飲調瓜子咳逆數數酒服熟雄遍體疹風冷調生側腸虛泄利須假草零久渴心煩宜

投竹瀝除癥去塊全仗硝硇益食加觴須煎蘆朴强筋健骨須是蓯鱓駐色延年精蒸神錦知瘡所在口點陰膠產後肌浮甘皮酒服腦痛鼻投硝末心痛速覓延胡凡十八項謂眉髮墮落者煉生半夏莖取涎塗髮落處立生五花者五加皮也葉有雄雌三葉爲雄五葉爲雌須使五葉者作末酒浸用之目䁪者正脚有肉𣏾者取莨菪根繫裩帶上永痊多小便者煎萆薢服之永不夜起若患腹大如鼓米飲調鸕鷀末服立

枯如故血泛行者搗甜瓜子仁作末去油飲調服之立絶咳逆者天雄炮過以酒調一錢匕服癱風者側子（附子傍生者）作末冷酒服虛泄者搗五倍子末熟水下之癥塊者以硇砂硝石二味乳鉢中研作粉同煆了酒服神効不飲者并飲酒少者煎逆水蘆根并厚朴二味湯服之蓯蓉并鱓魚作末以黃精汁圓服之可力倍常日也黃精自然汁拌細研神錦於柳木甑中蒸七日了以蜜圓服顔貌可如幼女之容色陰膠即是甑

中氣垢點少許於口中即知臟腑所起直徹至住處知痛足可醫也產後肌浮酒服甘皮立枯頭痛者以硝石作末內鼻中立止心痛者以延胡索作散酒服之

治藥捷法

藥有至賤易得人所常用而難於修製者如香附子菟絲子艾葉之類醫家昧其節度或終日疲勞而不能成本草云凡菟絲子煖湯淘汰去沙土漉乾煖酒漬經一宿漉出暴微白擣之不

盡者更以酒漬經三五日乃出更晒微乾擣之須臾悉盡極易碎蓋以其顆細難施工其説亦殊勞費然自有捷法但撚紙條數枚寘其間則馴帖成粉香附子洗去皮毛炒之焦熟然後舉投水鉢内候浸漬透徹漉出暴日中微燥乃入擣臼悉應手縻碎艾葉柔軟不可著力若入白茯苓三五片同碾則即時可作細末

陳翠説燕后

趙左師觸龍説太后使長安君出質用愛憐少

子之說以感動之予嘗論之於隨筆中其事載
於戰國策史記資治通鑑而燕語中又有陳翠
一段甚相似云陳翠合齊燕將令燕王之弟爲
質於齊太后大怒曰陳公不能爲人之國則亦
已矣焉有離人子母者翠遂入見后曰人主之
愛子也不如布衣之甚也非徒不愛子也又不
愛丈夫子獨甚太后曰何也對曰太后嫁女諸
侯奉以千金今王願封公子羣臣曰公子無功
不當封今以公子爲質且以爲功而封之也太

后弗聽是以知人主之不愛丈夫子獨甚也且太后與王幸而在故公子貴太后千秋之後王棄國家而太子即位公子賤於布衣故非及太后與王封公子則終身不封矣太后曰老婦不知長者之計乃命爲行具此語與觸龍無異而史記不書通鑑不取學者亦未嘗言

燕非強國

北燕在春秋時最爲僻小能自見於中國者不過三四大率制命於齊七雄之際爲齊所取後

賴五國之力樂毅爲將然後勝齊然卒於得七十城不能守也故蘇秦說趙王曰趙北有燕燕固弱國不足畏也燕王曰寡人國小西迫强秦南近齊趙齊趙彊國也又曰天下之戰國七而燕處弱焉獨戰則不能有所附則無不重昭王謂郭隗曰孤極知燕弱小不足以報齊蘇代曰一齊之彊燕猶不能支奉陽君曰燕弱國也東不如齊西不如趙趙長平之敗壯者皆死燕以二千乘攻之爲趙所敗太子丹謂荆軻曰燕小

务數困於兵何足以當秦楚漢之初趙王武臣
爲燕軍所得趙廝養卒謂其將曰一趙尚易燕
况以兩賢王滅燕易矣彭寵以漁陽叛即時夷
滅十六國之起戎狄亂華稱燕稱趙者多矣未
嘗有只據幽薊之地者也獨安禄山以三十年
節制之威又兼領河東乘天寳政亂出不意而
舉兵史思明繼之雖爲天下之禍旋亦殄滅至
於藩鎮擅地所謂范陽盧龍固常受制於天雄
成德也劉仁恭守光父子僭竊一方唐莊宗遣

周德威攻之，克取巡屬十餘州如拾地芥。石晉割賂契丹，仍其舊國，恃以爲强。然晉開運陽城之戰，德光幾不免。周世宗小振之，立下三關。但太平興國失於輕舉，又不治敗將喪師之罪，致令披猖，以迄于今。若以謂幽燕爲用武之地，則不然也。

水旱祈禱

海内雨暘之數，郡異而縣不同。爲守爲令，能以民事介心，必自知以時禱祈，不待上命也。而省部循案故例但視天府爲節下之諸道轉運司使巡内州縣各詣名山靈祠精潔致禱然固難以一槩論乾道九年秋贛吉連雨暴漲予守贛方多備土囊壅諸城門以杜水入凡二日乃退而臺符令禱雨予格之不下但據實報之已而聞吉州於小廳設祈晴道場大廳祈雨問其故郡守曰請霽者本郡以淫潦爲灾而請雨者朝旨也其不知變如此殆爲慼侮神天幽冥之下將何所据憑哉俚語笑林謂兩商人入神廟其

一陸行欲晴許賽以猪頭其一水行欲雨許賽羊頭神顧小鬼言晴乾喫猪頭雨落吃羊頭有何不可正謂此耳坡詩云耕田欲雨刈欲晴去得順風來者怨若使人人禱輒遂造物應須日千變此意未易爲庸俗道也

容齋四筆卷第四十五則

今日官冗

元豐中曾鞏判三班院今侍右也上疏言國朝景德墾田百七十萬頃官萬員皇祐二百二十五萬頃官二萬員治平四百三十萬頃官二萬四千員田日加辟官日加多而後之郊費視前一倍以三班三年之籍較之其入籍者幾七百人而死亡免退不能二百是年增歲溢未見其止則用財之端入官之門當令有司講求其故使天

下之人如治平而財之用官之數同景德以三十年之通可以餘十年之蓄矣是時海内全盛倉庫多有椿積猶有此懼慶元二年四月有朝臣奏對極言云曩在乾道開京朝官三四千員選人七八千員紹熙二年四選名籍尚左京官四千一百五十九員尚右大使臣五千一百七十三員侍左選人一萬二千八百六十九員侍右小使臣一萬一千三百十五員合四選之數共二萬三千五百十六員冗倍於國朝全盛之

際近者四年之間京官未至增添外選人增至一萬三千六百七十員（比紹熙增八百一員）大使臣六千五百二十五員（比紹熙增一千三百四十八員）小使臣一萬八千七百五五員（比紹熙增七千四百員）而今年科舉明年奏薦不在焉通無慮四萬三千員比四年之數增萬員矣可不爲之寒心哉蓋連有覃霈慶典屢行而宗室推恩不以服派近遠爲間斷特奏名三舉皆值異恩雖助教亦出官歸正人每州以數十百病在膏肓正使俞跗扁鵲持上池良藥

以救之亦無及已

欒城和張安道詩

張文定公在蜀一見蘇公父子即以國士許之熙寧中張守陳州南都辟子由幕府元豐初東坡謫齊安子由貶監筠酒稅與張别張悽然不樂酌酒相命手寫一詩曰可憐萍梗飄蓬客自歎匏瓜老病身從此空齋掛塵榻不知重掃待何人後七年子由召還猶復見之於南都及元符末自龍川還許昌因姪叔黨出坡遺墨再讀

張所贈詩其甍已十年泣下不能已乃追和之曰少年便識成都尹中歲仍爲幕下賓待我江西徐孺子一生知己有斯人兩詩皆哀而不怨使人至今有感於斯文今世薄夫受人異恩轉眼若不相識況於一死一生拳拳如此忠厚之至殆可端拜也

和范杜蘇四公

晉相和凝以唐長興四年知貢舉取范質爲第十三人唐故事知貢舉者所放進士以己及第

時名次爲重謂之傳衣鉢蓋凝在梁正明中厎
此級故以處質且云他日當如我後皆至宰相
封魯國公官至太子太傅當時以爲榮凝壽止
五十八質止五十四三朝史質本傳亦書之而
新五代史和凝傳誤爲第五以登科記考之而
非也杜祁公罷相以太子少師致仕後以南郊
免陪位恩連進至太子太師年八十而薨蘇子
容初筮仕爲南京判官杜公方里居告以平生
出處本末曰子異日所至亦如老夫及蘇更踐

中外名德殊與之相似集中有謝杜公書正敘此事其龐相也亦以太子太師致仕進太保年八十二而薨昔賢謂貴人往往善相人以所閱多之故也此二者併官爵年壽皆前知異矣

外臺祕要

外臺祕要載制虎方云到山下先閉氣三十五息所在山神將虎來到吾前乃存吾肺中有白帝出收取虎兩目塞吾下部中乃吐肺氣上白通冠一山林之上於是良久又閉氣三十五息

兩手捻都監目作三步步皆以右足在前乃止祝曰李耳李耳圖汝非李耳邪汝盜黃帝之犬黃帝教我問汝云何畢便行一山虎不可得見若卒逢之者因正面立大張左手五指側之極勢跳手上下三度於跳中大喚咄曰虎北斗君使汝去虎即走予謂人卒逢虎魂魄驚怖竄伏之不暇豈能雍容步趨仗呪語七字而脫邪因讀此方聊書之以發一笑此書乃唐王珪之孫燾所作本傳云燾視母疾數從高醫游遂窮其

術因以所學作書討繹精明世寶焉蓋不深考也

六枳闗

盤洲種枳六本以爲藩籬之限立小門名曰六枳闗每爲人問其所出倦於酬應今取馮衍顯志賦中語書於此衍云揵六枳而爲籬按東觀漢記作八枳逸周書小開篇云嗚呼汝何敬非時何擇非德德枳維大人大人枳維公公枳維卿卿枳維大夫大夫枳維士登登皇皇維在國

枳國枳維都都枳維邑邑枳維家家枳維欲無疆言上下相維遞爲藩蔽也其數有八與東觀記同予詳考之乃九枳也宋景文公賀宰相啓式維公枳蓋用此云

王荆公上書并詩

王荆公議論高奇果於自用嘉祐初爲度支判官上萬言書以爲今天下財力日以困窮風俗日以衰壞患在不知法度不法先王之政故也法先王之政者法其意而已法其意則吾所改

易更革不至乎傾駭天下之耳目而固已合矣因天下之力以生天下之財取天下之財以供天下之費自古治世未嘗以不足爲公患也患在治財無其道爾在位之人才既不足而閭巷草野之閒亦少可用之材社稷之託封疆之守陛下其能久以天幸爲常而無一旦之憂乎願監苟且因循之敝明詔大臣爲之以漸期爲合於當世之變臣之所稱流俗之所不講而議者以爲迂闊而熟爛者也當時富韓二公在相位

讀之不樂知其得志必生事後安石當國其所
注措大抵皆祖此書又不忍貧民而深疾富民
志欲破富以惠貧嘗賦兼并詩一篇曰三代子
百姓公私無異財人主擅操柄如天持斗魁賦
予皆自我兼并乃姦回姦回法有誅勢亦無自
來後世始倒持黔首遂難裁秦王不知此更築
懷清臺禮義日已偷聖經久堙埃法尚有存者
欲言時所咍俗吏不知方掊克乃爲才俗儒不
知變兼并可無摧利孔至百出小人司闔開有

司與之爭民愈可憐哉其語絶不工迨其得政設青苗法以奪富民之利民無貧富兩稅之外皆重出息十二呂惠卿復作手實之法民遂大病其禍源於此詩蘇子由以爲昔之詩病未有若此其酷也痛哉

左黄州表

唐肅宗時王璵以祠禱見寵驟得宰相帝嘗不豫璵遣女巫乘傳分禱天下名山大川巫皆盛服中人護領所至干託州縣賂遺狼藉時有一

巫美而豔以惡少年數十自隨尤憸狡不法馳入黄州刺史左震晨至館請事門鐍不啓震怒破鐍入取巫斬廷下悉誅所從少年籍其贓得十餘萬因遣還中人與不能詰帝亦不加罪震剛决如此而史不記其他事予讀元次山集有左黄州表一篇云乾元已亥贊善大夫左振出爲黄州刺史下車黄人歌曰我欲逃鄉里我欲去墳墓左公今既來誰忍棄之去後一歲又歌曰吾鄉有鬼巫惑人人不知天子正尊信左公

能殺之蓋此巫黃人也振在州三遷侍御史判金州刺史將去黃人多去思故爲作表予謂振即震也爲政宜民見於歌頌史官當特書之於循吏中而僅能不沒其實故爲標顯於此巳亥者乾元二年與以元年五月自太常少卿拜中書相二年三月罷本紀及宰相表同而新史本傳以爲三年自太常卿拜相明日罷失之矣乃承舊史之誤也

李郭詔書

唐代宗即位郭汾陽爲近昵所揺懼禍之及表上自靈武河北至于絳州兩朝所貽詔書一千餘卷家傳載其表語其多如是又讀韋端符所撰李衛公故物記云三原令座中有客曰李丞者衛公之冑藏文帝賜書二十通多言征討事厚勞苦其兵事節度皆付公吾不從中治也蹔公疾親詔者數四其一曰有晝夜視公病大老嫗令一人來吾欲熟知公起居狀權文公視此詔常泣曰君臣之際乃如是耶新史載其事云

靖五代孫彥芳大和中爲鳳翔司録參軍以高祖太宗賜靖詔書數函上之天子悉留禁中又勑摹詔本還賜彥芳即二事觀之唐世之所以眷禮名將相者綢繆熟復至此漢晉以來所不及也

兩道出師

國家用兵行師異道並出其勝敗功罪當隨其實而處之則賞信罰明人知勸戒漢武帝遣衛青霍去病伐匈奴去病以功益封又封部將四

人爲列侯而青不得益封軍吏卒皆無封侯者宣帝遣田廣明等五將軍擊匈奴又以常惠護烏孫兵共出五將皆無功而廣明及田順以罪誅獨常惠奉使克獲封侯宋文帝伐魏雍州諸將柳元景等旣拔弘農陜城戍潼關矣而上以東軍王玄謨敗退皆召還其後玄謨貶黜元景受賞紹興七年淮西大帥劉少師罷湖北岳少保以母憂去累辭起復之命朝廷以兵部尚書呂安老侍郎張淵道分使兩部已而正除宣撫

遂掌其軍岳在九江憂兵柄一失不容再得亟乘程至鄂有旨復故任而召淵道爲樞密都承旨安老在廬遭變言者論罷張魏公淵道亦繼坐斥隆興中北虜再動兵張公爲督帥遣李顯忠邵宏淵攻符離失利而退一府皆貶秩是時汪莊敏以參知政事督視荆襄東西不相爲謀乃亦坐譴古今不侔如此

杜韓用歐後語

杜韓二公作詩或用歐後語如倰其望呂葛仙

烏仙花吾友于友于皆挺拔再接再礪乃僮僕誠自創爲爾惜居諸誰謂貽厥無基趾之類是已

唐明皇賜二相物

唐明皇以李林甫爲右相顓付大政而左相牛仙客李適之陳希烈前後同列皆拱手備員林甫死楊國忠代之其寵遇愈甚天寶十三載上御躍龍殿門張樂宴羣臣賜右相絹一千五百疋綵羅三百疋綵綾五百疋而賜左相絹三百

羅綺各五五十而已其多寡不侔至於五倍如希

烈庸才知上恩意安得不奴事之乎宜其甘心

臣於祿山也

一百五日

今人謂寒食爲一百五者以其自冬至之後至

淸明歷節氣六凡爲一百七日而先兩日爲寒

食故云他節皆不然也杜老有鄜州一百五日

夜對月一篇江西宗派詩云一百五日足風雨

三十六峰勞夢魂一百五日寒食雨二十四番

花信風之類是也吾州城北芝山寺爲禁煙遊賞之地寺僧欲建華嚴閣請予作勸緣䟽其末一聯云大善知識五十三永壯人天之仰寒食清明一百六䝱來道俗之觀或問一百六所出應之曰元微之連昌宮詞初過寒食一百六店舍無煙宮樹緑是以用之

老杜寒山詩

老杜春日憶李白詩云白也詩無敵飄然思不羣清新庾開府俊逸鮑參軍嘗有武弁議其失

曰既是無敵又却似庾鮑或折之曰庾清新而不能俊逸鮑俊逸而不能清新太白兼之所以爲無敵也今集別本一作無斁殆好事者更之乎寒山子詩云吾心似秋月碧潭清皎潔無物堪比倫教我如何說人亦有言既似秋月碧潭乃以爲無物堪比何也蓋其意謂若無二物比倫當如何說耳讀者當以是求之

礜石之毒

讀黄伯思東觀餘論內評王大令書一節曰靜

息帖云礜石深是可疑事兄憙患散輒發癰散者寒食散之類散中蓋用礜石是性極熱有毒故云深可疑也劉表在荆州與王粲登障山見一岡不生百草粲曰此必古冢其人在世服生礜石熱蒸出外故草木焦滅鑿看果墓礜石滿塋又今洛水冬月不冰古人謂之温洛下亦有礜石今取此石置甕水中水亦不冰又鸛伏卵以助煖氣其烈酷如此固不宜餌服子敬之語實然淮南子曰人食礜石死蠶食之而不饑予

仲兄文安公鎮金陵因秋暑減食當塗醫湯三益教以服礜石圓已而飲啖日進遂加意服之越十月而毒作鼻衄血斗餘自是數數不止竟至精液皆竭迨於捐館偶見其語使人追痛因書之以戒未來者

會合聯句

韻略上聲三腫字險窄予向作汪莊敏銘詩八十句唯蕭敏中讀之曰押盡一韻今考之猶有十字越用一董內韻其詞曰維天生材萬彙傾

竦侯王將相曾是有種公家江東世繹耕壟桃谿之涘是播是穮孰丰厥培蕪此圭珙公羈未奮逸駕駕思駷洗酣春秋蹈迪周孔徑策名第稍辭渫嫭横經湘沅士敬如捧蓬萊方丈佩飾有琫應龍天飛薈蔚雲滃千官在庠摩厲從吏吾惟片言借箸泉湧正冠霜臺過者卞悚顏顏殿戺聲氣不動顯仁東欑亟史呼洶昌言一下恩浹千家獯粥孔熾邊戒毛氄媕婭當位左掣右饔公云當今沸渭混澒天威震耀誰不憤踊遂

遷中司西柄是董出關啓旆籌欃倥傯業業揃
襄將懦日拱投袂電赴如尊乃勇鄧唐蔡陳馳
捷系踵佛狸歸骴民恃不恐璽書賜朝百揆參
揔亞勛贊冊國勢尊鞏督軍載西寄責眾重方
規許洛事援秦隴符離罔功奇畫膠拳鈎樞建
使宰席亢寵還臨西州夾道歡擁有銜未啗病
癖且瘇曾不憖遺使我心憒湘湖高丘草木蔚
蓊維水容喬維山巃嵸矢其銘詩詞費以冗奈
何乎公萬祺毋聳若韓孟籍徹會合聯句三十

四韻除蝝蛹二字韻略不收外餘皆不出三腫
中雄奇激越如大川洪河不見涯涘非瑣瑣潢
汙行潦之水所可同語也其詩曰離別言無期
會合意罙重病添兒女戀老喪丈夫勇斂心知
未死詩思猶孤聳愁去劇箭飛讙來若泉涌析
言多新貫攄抱無昔壅念難須勤追悔易勿輕
踵吟巴山犖确說楚波堆壟馬辭虎豹怒舟出
蛟鼉恐狂鯨時孤軒幽狖雜百種瘴衣常腥膩
蠻器多疎冗剥苔弔斑林角飯餌沉塚忽爾銜

遨命歸歟舞新寵鬼窟脫幽妖天居覿清拱京
遊步方振讁夢意猶恟詩書詅舊知酒食接新
奉嘉言寫清越瘉病失肬腫夏陰偶高庇霄竈
接虛攡雪弦寂寂聽茗盌纖纖捧馳輝燭浮螢
幽響泄潛蓄詩老獨何心江疾有餘湩我家本
灑轂有地介皐犖休跡憶沉冥我冠慙闟孱升
朝高巒逸振物羣聽悚徒言濯幽泌誰與薙荒
葺朝紳鬱青綠馬飾躍珪珙國讐未銷鑠我志
蕩卭隴君才誠倜儻時論方洶溶格言多彪蔚

縣解無梏拲張生得淵源寒色援山冢堅如撞羣金眇若抽獨蛹伊余何所擬跛鼈詎能踊塊然嶞岳石飄爾胥巢毹龍旆垂天衢雲韶凝禁甬君胡眠安然朝鼓聲洶洶其間或有類句然衆手立成理如是也

容齋四筆卷第四

◎

容齋四筆卷第五 十四則

土木偶人

趙德夫作金石錄其跋漢居攝墳壇二刻石云其一上谷府卿墳壇其一祝其卿墳壇曰墳壇者古未有土木像故爲壇以祀之兩漢時皆如此予案戰國策所載蘇秦謂孟嘗君曰有土偶人與桃梗相語桃梗曰子西岸之土也埏子以爲人雨下水至則汝殘矣土偶曰子東國之桃梗也刻削子以爲人雨降水至流子而去矣所

謂土木爲偶人非像而何漢至寓龍寓車馬皆謂以木爲之像其眞形謂之兩漢未有則不可也

饒州風俗

嘉祐中吳孝宗子經者作餘干縣學記云古者江南不能與中土等宋受天命然後七閩二浙與江之西東冠帶詩書翕然大肆人才之盛遂甲於天下江南既爲天下甲而饒人喜事又甲於江南蓋饒之爲州壤土肥而養生之物多其

民家富而戶羨蓄百金者不在富人之列又當寬平無事之際而天性好善為父兄者以其子與弟不文為咎為母妻者以其子與夫不學為辱其美如此予觀今之饒民所謂家富戶羨了非昔時而高甍巨棟連阡亘陌者又皆數十年來寓公所穜而好善為學亦不盡如吳記所言故錄其語以寄一歎

禽畜菜茹色不同

禽畜菜茹之色所在不同如江浙間豬黑而羊

白至江廣吉州以西二者則反是蘇秀開鵞皆白或有一班褐者則呼爲鴈鵞頗異而畜之若吾鄉凡鵞皆鴈也小兒至取浙中白者飼養以爲湖沼觀美浙西常茄皆皮紫其皮白者爲水茄吾鄉常茄皮白而水茄則紫其異如是

伏龍肝

本草伏龍肝陶隱居云此竈中對釜月下黃土也以竈有神故呼爲伏龍肝并以透隱爲名爾雷公云凡使勿悞用竈下土其伏龍肝是十年

巳來竈額內火氣積自結如赤色石中黃其形貌八稜予嘗見臨安醫官陳輿大夫言當以砌竈時納猪肝一具於土中俟其積久與土爲一然後用之則稍與名相應比讀後漢書陰識傳云其先陰子方臘日晨炊而竈神形見注引雜五行書曰宜市買猪肝泥竈令婦孝然則輿之說亦有所本云廣濟曆亦有此說又列作竈忌日云伏龍在不可移作所謂伏龍者竈之神也

勇怯無常

民無常勇亦無常怯有氣則實實則勇無氣則虛虛則怯怯勇虛實其由甚微不可不知勇則戰怯則北戰而勝者戰其勇者也戰而北者戰其怯者也怯勇無常儵忽往來而莫知其方惟聖人獨見其所由然此呂氏春秋決勝篇之語予愛而書之

趙德甫金石録

東武趙明誠德甫清憲丞相中子也著金石録三十篇上自三代下訖五季鼎鍾甗鬲槃匜尊

爵之欵識豐碑大碣顯人晦士之事蹟見于石
刻者皆是正僞謬去取襃貶凡爲卷二千其妻
易安李居士平生與之同志趙没後愍悼舊物
之不存乃作後序極道遭罹變故本末今龍舒
郡庫刻其書而此序不見取比獲見元藁於王
順伯因爲撮述大槩云予以建中辛巳歸趙氏
時丞相作吏部侍郎家素貧儉德甫在太學每
朔望謁告出質衣取半千錢步入相國寺市碑
文果實歸相對展玩咀嚼後二年從宦便有窮

盡天下古文奇字之志傳寫未見書賈名人書
畫古奇器有持徐熙牡丹圖求錢二十萬留信
宿討無所得捲還之夫婦相向惋悵者數日及
連守兩郡竭俸入以事鉛槧每獲一書即日勘
校裝緝得名畫彝器亦摩玩舒卷摘指疵病盡
一燭爲率故紙札精緻字畫全整冠於諸家每
飯罷坐歸來堂烹茶指堆積書史言某事在某
書某卷第幾葉第幾行以中否勝負爲飲茶先
後中則舉桮大笑或至茶覆懷中不得飲而起

凡書史百家字不刓缺本不誤者輒市之儲作
副本靖康丙午德甫守淄川聞虜犯京師盈箱
溢篋戀戀悵悵知其必不爲巳物建炎丁未奔
太夫人喪南來既長物不能盡載乃先去書之
印本重大者畫之多幅者器之無款識者巳又
去書之監本者畫之平常者器之重大者所載
尚十五車連艫渡淮江其青州故第所鎖十間
屋期以明年具舟載之又化爲煨燼巳酉歲六
月德甫駐家池陽獨赴行都自岸上望舟中告

別予意甚惡呼曰如傳聞城中緩急奈何遥應曰從衆必不得已先弃輜重次衣衾次書册次卷軸次古器獨宗器者可自負抱與身俱存亡勿忘之徑馳馬去秋八月德甫以病不起時六宫往江西予遣二吏部所存書二萬卷金石刻二千本先往洪州至冬虜陷洪遂盡委弃所謂連艫渡江者又散爲雲煙矣獨餘輕小卷軸寫本李杜韓柳集世説鹽鐵論石刻數十副軸鼎鼐十數及南唐書數篋偶在卧内巋然獨存上

江既不可往乃之台温之衢之越之杭寄物於嵊縣庚戌春官軍收叛卒悉取去入故李將軍家巋然者十失五六猶有五七簏挈家寓越城一夕爲盜穴壁負五簏去盡爲吳説運使賤價得之僅存不成部帙殘書策數種忽閱此書如見故人因憶德甫在東萊靜治堂裝褾初就芸籤縹帶束十卷作一帙日校二卷跋一卷此二千卷有題跋者五百二卷耳今手澤如新墓木已拱乃知有有必有無有聚必有散亦理之常

又胡足道所以區區記其終始者亦欲爲後世好古博雅者之戒云時紹興四年也易安年五十二矣自叙如此予讀其文而悲之爲識於是書

韓文公薦士

唐世科舉之柄顓付之主司仍不糊名又有交朋之厚者爲之助謂之通牓故其取人也畏於譏議多公而審亦有脅於權勢或撓於親故或累於子弟皆常情所不能免者若賢者臨之則

不然未引試之前其去取高下固已定於胸中矣韓文公與祠部陸員外書云執事與司貢士者相知識彼之所望於執事者至而無間彼之職在乎得人執事之職在乎進賢如得其人而授之所謂兩得矣愈之知者有侯喜侯雲長劉述古韋羣玉（摭言作紓）此四子者可以當首薦而極論期於成而後止可也沈杞張苰（科記又作弘）尉遲汾李紳張後餘李翊皆出羣之才與之足以收人望而得才實主司廣求焉則以告之可也往

者陸相公司貢士愈時幸在得中所與及第者皆赫然有聲原其所以亦由梁補闕肅王郎中礎佐之梁舉八人無有失者其餘則王皆與謀焉陸相於王與梁如此不疑也至今以爲美談此請在集中不注歲月案摭言云正元十八年權德輿主文陸傪員外通牓韓文公薦十人於傪權公凡三榜共放六人餘不出五年内皆捷以登科記考之正元十八年德輿以中書舍人知舉放進士二十三人尉遲汾侯雲長韋紓沈

杞李翊登第十九年以禮部侍郎放二十人侯喜登第永正元年放二十九人劉述古登第適三榜共七十二人而韓所薦者預其七元和元年崔邠下放李紳二年又放張後餘張弘皆與摭言合陸傪在正元間時名最著韓公敬重之其行難一篇爲傪作也曰陸先生之賢聞於天下是是而非非自越州召拜祠部京師之人造焉先生曰今之用人也不詳位于朝者吾取某與某而已在下者多于朝凡吾與者若干人又

送其刺歙州序曰君出刺歙州朝廷耆舊之賢都邑游居之良齎咨涕夷咸以爲不當去則傪之以人物爲已任久矣其刺歙以十八年二月權公放牓時既以去國而用其言不替其不負公議而采人望蓋與陸宣公同韓公與書時方爲四門博士居百寮底殊不以其薦爲犯分故公作權公碑云典貢士薦士於公者其言可信不以其人布衣不用即不可信雖大官勢人交言一不以綴意又云前後考第進士及庭所策

試士踊相躡爲宰相達官其餘布處臺閣外府凡百餘人梁肅及儋皆爲後進領袖一時龍門惜其位不通顯也豈非汲引善士爲當國者所忌乎韓公又有荅劉正夫書云舉進士者於先進之門何所不往先進之於後輩苟見其至寧可以不荅其意邪來者則接之舉城士大夫莫不皆然而愈不幸獨有接後進名以是觀之韓之留意人士可見也

王勃文章

王勃等四子之文皆精切有本原其用駢儷作記序碑碣盖一時體格如此而後來頗議之杜詩云王楊盧駱當時體輕薄爲文哂未休爾曹身與名俱滅不廢江河萬古流正謂此耳身名俱滅以責輕薄子江河萬古流指四子也韓公滕王閣記云江南多游觀之美而滕王閣獨爲第一及得三王所爲序賦記等壯其文辭注謂王勃作游閣序又云中丞命爲記竊喜載名其上詞列三王之次有榮耀焉則韓之所以推勃

亦爲不淺矣勃之文今存者二十七卷云

呂覽引詩書

呂氏春秋有始覽諭大篇引夏書曰天子之德廣運乃神乃武乃文又引商書曰五世之廟可以觀恠萬夫之長可以生謀高誘注皆曰逸書也廟者鬼神之所在五世久遠故於其所觀魅物之恠異也予謂呂不韋作書時秦未有詩書之禁何因所引訛謬如此高誘注文恠異之説一何不典之甚邪又孝行覽亦引商書曰刑三

白罪莫重於不孝今安得有此文亦與孝經不合又引周書曰若臨深淵若履薄冰注云周書周文公所作尤妄也又以普天之下莫非王土率土之濱莫非王臣爲舜自作詩子惠思我褰裳涉洧子不我思豈無他士爲子產荅叔向之詩不知是時國風雅頌何所定也甯戚飯牛歌高誘全引碩鼠三章又爲可笑

藍田丞壁記

韓退之作藍田縣丞廳壁記柳子厚作武功縣

丞廳壁記二縣皆京兆屬城在唐爲畿甸事體正同而韓文雄拔超峻光前絶後以柳視之殆猶碔砆之與美玉也莆田方崧卿得蜀本數處與今文小異其破崖岸而爲文一句繼以丞廳故有記蜀本無而字考其語脉乃破崖岸爲文丞是句絶文丞者猶言文具備員而巳語尤奇崛若以丞字屬下句則旣是丞廳記矣而又云丞廳故有記雖初學爲文者不肯爾也此篇之外不復容後人出手婭孫倬頃丞宣城後生頗

有意斯道自作題名記示子孫子曉之曰他文尚可隨力工拙下筆至如此記豈宜犯不韙哉倬時已勒石深悔之近日亦見有爲之者吾家孫姪多京官調選再轉必爲丞慮其復有效尤者故書以戒之

錢武肅三改元

歐陽公五代史叙列國年譜云聞於故老謂吳越亦嘗稱帝改元而求其事迹不可得頗疑吳越後自諱之及旁采諸國書與吳越往來者多

矣皆無稱帝之事獨得其封落星石爲寶石山制書稱寶正六年辛卯耳王順伯收碑有臨安府石屋崇化寺尊勝幢云時天寶四年歲次辛未四月某日元帥府府庫使王某又明慶寺白傘蓋陀羅尼幢云吳越國女弟子吳氏十五娘建其發願文序曰十五娘生忝霸朝貴彰國懿天寶五年太歲壬申月日題順伯考其歲年知非唐天寶而辛未乃梁開平五年其五月改乾化壬申乃二年梁以丁卯篡唐武肅是歲猶用

唐天祐次年自建元也錢唐湖廣潤龍王廟碑云錢鏐正明二年丙子正月建新功臣壇院碑封睦州墻下神廟勅皆正明中登聖寺磨崖梁龍德元年歲次辛巳錢鏐建又有龍德三年上宮詩是歲梁亡九里松觀音尊勝幢寶大二年歲次乙酉建衢州司馬墓誌云寶大二年八月殁順伯案乙酉乃唐莊宗同光三年其元年當在甲申蓋自壬申以後用梁紀元至後唐革命復自立正朔也又水月寺幢云寶正元年丙戌

十月具位錢鏐建是年爲明宗天成招賢寺幢云丁亥寶正二年又小昭慶金牛碼碯等九幢皆二年至五年所刻貢院前橋柱刻寶正六年歲在辛卯造然則寶大止二年而改寶正寶正盡六年次年壬辰有天竺日觀庵經幢復稱長興三年八月用唐正朔其年三月武肅薨方寢疾語其子元瓘曰子孫善事中國勿以易姓廢事大之禮於是以遺命去國儀用藩鎮法然則有天寶寶大寶正三名歐陽公但知其一耳通

鑑亦然自是歷晉漢周及本朝不復建元今猶有清泰天福開運會同係契丹年乾祐廣順顯德石刻存者三四十種固未嘗稱帝也

黄庭換鵝

李太白詩云山陰道士如相見應寫黄庭換白鵝蓋用王逸少事也前賢或議之曰逸少寫道德經道士舉鵝群以贈之元非黄庭以爲太白之誤予謂太白眼高四海衝口成章必不規規然旋檢閲晉史看逸少傳然後落筆正使誤以

道德爲黃庭於理正自無害議之過矣東坡雪堂既毁紹興初黃州一道士自捐錢粟再營建士人何頡斯舉作上梁文其一聯云前身化鶴曾陪赤壁之游故事換鵝無復黃庭之字乃用太白詩爲出處可謂奇語案張彦遠法書要録載褚遂良右軍書目正書有黃庭經云注六十行與山陰道士真蹟故在又武平一徐氏法書記云武后曝太宗時法書六十餘函有黃庭又徐季海古蹟記元宗時大王正書三卷以黃庭

爲第一皆不云有道德經則知乃晉傳誤也

宋桑林

左傳宋公享晉侯於楚丘請以桑林注桑林者殷天子之樂名舞師題以旌夏晉侯懼而退及著雍疾卜桑林見荀偃士匄欲奔請禱焉荀罃不可予案呂氏春秋云武王勝殷立成湯之後於宋以奉桑林高誘注曰桑山之林湯所禱也故使奉之淮南子云湯旱以身禱於桑山之林許叔重注曰桑山之林能興雲致雨故禱之桑林

一說不同杜預注左傳不曾引用豈非是時未見其書乎

馮夷姓字

張衡思玄賦號馮夷俾清津兮櫂龍舟以濟予李善注文選引青令傳曰河伯姓馮氏名夷浴於河中而溺死是爲河伯太公金匱曰河伯姓馮名修裴氏新語謂爲馮夷莊子曰馮夷得之以游大川淮南子曰馮夷服夷石而水仙後漢張衡傳注引聖賢冢墓記曰馮夷者弘農華陰

潼鄉隄首里人服八石得水仙爲河伯又龍魚河圖曰河伯姓呂名公子夫人姓馮名夷唐碑有河侯新祠頌秦宗撰文曰河伯姓馮名夷字公子數說不同然則不經之傳也葢本於屈原遠遊篇所謂使湘靈鼓瑟兮令海若舞馮夷前此未有用者淮南子原道訓又曰馮夷大丙之御也乘雲車入雲蜺許叔重云皆古之得道能御陰陽者此自別一馮夷也

容齋四筆卷第五

容齋四筆卷第六 十五則

韓文公逸詩

唐五竇聯珠集載竇牟爲東都判官陪韓院長韋河南同尋劉師不遇分韻賦詩都官員外郎韓愈得尋字其語云秦客何年駐仙源此地深還隨躡鳧騎來訪馭雲襟院閉青霞入松高老鶴尋猶疑隱形坐敢起竊桃心今諸本韓集皆不載近者莆田方崧卿考證訪賾甚至猶取聯珠中竇庠酬退之登岳陽樓一大篇顧獨遺此

何也

竇叔向詩不存

竇氏聯珠序云五竇之父叔向當代宗朝善五言詩名冠流輩時屬正懿皇后山陵上注意哀挽即時進三章内考首出傳諸人口有命婦羞蘋葉都人挿柰花禁兵環素帟宫女哭寒雲之句可謂佳唱而畧無一首存於今荆公百家詩選亦無之是可惜也予嘗得故吳良嗣家所抄唐詩僅有叔向六篇皆奇作念其不傳於世今

悉錄之夏夜宿表兄話舊云夜合花開香滿庭夜深微雨醉初醒遠書珍重何時達舊事凄凉不可聽去日兒童皆長大昔年親友半凋零明朝又是孤舟別愁見河橋酒幔青秋砧送包大夫云斷續長門夜清冷逆旅秋征夫應待信寒女不勝愁帶月飛城上因風散陌頭離居偏入聽況復送歸舟春日早朝應制云紫殿俯千官春松應合歡御爐香焰煖馳道玉聲寒乳燕翻珠綴祥烏集露盤宮花一萬樹不敢舉頭看過

檐石湖云曉發魚門埭晴看檐石湖日銜高浪出天入四空無咫尺分洲島纖毫指舳艫渺然從此去誰念客帆孤丑懿挽歌二首云二陵恭婦道六寢盛皇情禮遜生前貴恩追殁後榮幼王親捧土愛女復連塋東望長如在誰云向玉京後庭攀畫榔上陌咽清笳命婦羞蘋葉都人插柰花壽宮星月異仙路往來賒縱有迎神術終悲隔絳紗第三篇亡叔向字遺直仕至左拾遺出爲漂水令唐書亦稱其以詩自名云

用柰花事

竇叔向所用柰花事出晉史云成帝時三吳女子相與簪白花望之如素柰傳言天公織女死爲之着服巳而杜皇后崩其言遂驗紹興五年寧德皇后訃音從北庭來知徽州唐煇使休寧尉陳之茂撰疏文有語云十年羅難終弗返於蒼梧萬國銜寃徒盡簪於白柰是時正從徽廟蒙塵其對偶精確如此

王廖見良

賈誼過秦論曰六國之士吳起孫臏帶他兒良王廖田忌廉頗趙奢之朋制其兵漢書注家皆無所釋顏師古但音兒爲五奚反廖爲聊而已此八人者帶他兒良王廖不知其何國人獨吕氏春秋云老聃貴柔孔子貴仁墨翟貴廉關尹貴清列子貴虛陳駢貴齊楊朱貴己孫臏貴勢王廖貴先兒良貴後而注云王廖謀兵事貴先建茅也兒良作兵謀貴後雖僅見二人之名然亦莫能詳也廖良列於孔老之末而漢四種兵

書有良權謀一篇又賈誼首稱甯越杜赫爲之謀漢書亦不注呂氏云孔墨甯越皆布衣之士也越中牟人也周威公師之又稱杜赫以安天下說周昭文君則越赫善謀可以槩見漫書之以補漢書之缺

徙木償表

商鞅變秦法恐民不信乃募民徙三丈之木而予五十金有一人徙之輒予金乃下令吳起治西河欲諭其信於民夜置表於南門之外令於

邑中曰有人能僨表者仕之長大夫民相謂曰此必不信有一人曰試往僨表不得賞而已何傷往僨表來謁吴起起仕之長大夫自是之後民信起之賞罰予謂鞅本魏人其徙木示信蓋以効起而起之事不傳

建武中元續書

隨筆所書建武中元一則文惠公作隸釋於蜀郡守何君閣道碑一篇中以爲不然此得蜀士袁夢麒應祥漢制叢録亦以紀志傳不同爲惑

而云近歲雅州榮經縣治之西有得蜀郡治道記於崖壁間者記末云建武中元二年六月就於是千載之疑渙然氷釋予覩何君閣道正建武中元二年六月就袁君所言榮經崖壁之記盖是此耳但以出於近歲恨不得質之文惠爲之側然

草駒聾蟲

今人謂野牧馬爲草馬淮南子脩務訓曰馬之爲草駒之時跳躍揚蹏翹尾而走人不能制注

云馬五尺以下爲駒放在草中故曰草駒盖今之所稱者是也下文曰形之於馬馬不可化其可駕御教之所爲也馬聾蟲也而可以通氣志猶待教而成又況人乎注曰蟲喻無知也聾蟲之名甚奇

記李履中二事

崇寧中蔡京當國欲洗邢恕誣謗宗廟之罪既收拭用之又欲令立邊功以進身於是以爲涇原經畧使遂謀用車戰法及造舟五百艘將直

抵興靈以空夏國詔以付熙河漕臣李復復長安人久居兵閒習熟戎事力上疏詆切之予頃書之於國史總列傳中比得上饒所刊潏水集正復所爲文得此兩奏歎其能以區區外官而排斥上相之客如此恨史傳爲不詳盡乃録于此其乞罷造戰車疏云奉聖旨令本司製造戰車三百兩臣嘗覽載籍古者師行固嘗用車蓋兵不妄動征戰有禮不爲詭遇多在平原廣野故車可以行今盡在極邊戎狄乘勢而來雖鷙

鳥飛翥不如是之迅捷下寨駐軍各以保險爲利其往也車不及期居而保險車不能登歸則虜多襲逐爭先奔趍不暇田顧車安能收非若古昔於中國爲用臣聞此議出於許彥圭彥圭因姚麟而獻説朝廷遂然之不知彥圭劇爲輕妄唐之房琯嘗用車戰大敗於陳濤斜十萬義軍無有脱者幾邑平地且如此況今欲用於峻阪溝谷之閒乎又戰車比常車闊六七寸運不合轍牽拽不行昨來兵夫典賣衣物自賃牛具

終日方進五七里遂致兵夫逃亡棄車於道大爲諸路之患今乞便行罷造如別路巳有造者乞更不牽拽前來其乞罷造船奏云邢恕乞打造船五百隻於黃河順流放下至會州西小河内藏放有旨專委臣監督限一年了當契勘本路只有船匠一人須乞於荊江淮浙和雇又丁線物料亦非本路所出覩恕奏請實是兒戲且造船五百隻若自今工料並備亦須數年自蘭州駕放至會州約三百里北岸是敵境豈可容

易會州之西小河鹹水其濶不及一丈深止於一二尺豈能藏船黄河過會州入甯精山石峽險窄自上垂流直下高數十尺船豈可過至西安州之東大河分爲六七道水淺灘磧不勝舟載一船所載不過五馬二十人雖到興州又何能爲又不知幾月得至此聲若出必爲夏國侮笑臣未敢便依旨揮擘畫恐虚費錢物終誤大事疏既上徽宗察其言忠遂罷二役復字履中爲關内名儒官至中大夫集英殿脩撰李昭玘

嘗贈詩云結交頼有紫領翁鶴骨嶄嶄爛脩且五言長城屹千丈萬卷書樓聊一讀可知其人矣

乾寧覆試進士

唐昭宗乾寧二年試進士刑部尚書崔凝下二十五人放榜後宣詔翰林學士陸扆祕書監馮渥入内各贈衣一副及氈被於武德殿前復試但放十五人自狀頭張貽範以下重落其六人許再入舉場四人所試最下不許再入蘇楷其

一也故挾此憾至於駮昭宗聖文之謚崔凝坐貶合州刺史是時國祚如贅疣悍鎮强藩請隧問鼎之不暇顧惓惓若此其再試也詩賦各兩篇內良弓獻問賦以太宗問工人木心不正脉理皆邪若何道理十七字皆取五聲字依輪次以雙周隔句爲韻限三百二十字成貽範等六人訖唐末不復綴榜盖是時不糊名一點之後主司不敢再收拾也有黄滔者是年及第閩人也九世孫沃爲吉州永豐宰刊其遺文初試覆

試凡三賦皆在焉曲直不相入賦以題中曲直兩字爲韻釋云邪正殊途各有好惡終篇只押兩韻良弓獻問賦取五聲字次第用各隨聲爲賦格於是第一韻尾句云資國祚之崇崇上平聲也第二韻番寶祚於緜緜下平聲也第三韻曾非唯唯上聲也第四韻露其言而纍纍去聲也而闕入聲一韻賦韻如是前所未有國將亡必多制亦云可笑矣信州永豐人王正白時再試中選郡守爲改所居坊名曰進賢且減戶稅

亦後來所無

臨海蠏圖

文登呂亢多識草木蟲魚守官台州臨海命工作蠏圖凡十有二種一曰蝤蛑乃蠏之巨者兩螯大而有細毛如苔八足亦皆有微毛二曰撥棹子狀如蝤蛑螯足無毛後兩小足薄而微濶類人之所食者然亦頗異其大如升南人皆呼爲蠏八月間盛出人採之與人鬬其螯甚巨往往能害人三曰擁劒狀如蠏而色黄其一螯偏

長三寸餘有光四曰彭蜞螯微毛足無毛以鹽
藏而貨於市爾雅曰彭蠌小者蟧云小蟹也蠌
音澤蟧音勞吳人呼爲彭越搜神記言此物嘗
通人夢自稱長卿今臨海人多以長卿呼之五
曰蝎朴大於彭蜞殼黒斑有文章螯正赤常以
大螯障目小螯取食六曰沙狗似彭蜞壤沙爲
穴見人則走屈折易道不可得七曰望潮殼白
色居則背坎外向潮欲來皆出坎舉螯如望不
失常期八曰倚望亦大如彭蜞居常東西顧睨

行不四五又舉兩螯以足起望惟入穴乃止九曰石蜠大於常蟹八足殼通赤狀若鵞卵十曰蜂江如蟹兩螯足極小堅如石不可食十一曰蘆虎似彭蜞正赤不可食十二曰彭蜞大於螖小於常蟹呂君云此皆常所見者北人罕見故繪以爲圖又海商言海中𪓟鼊島之東一島多蟹種名甚異有虎頭者有翅能飛者有能捕魚者有殼大兼尺者以非親見故不畫李履中得其一本爲作記予家楚宦游二浙閩廣所識蟹

屬多矣亦不悉與前說同而所謂黃甲白蟹蟳蠘諸種呂圖不載豈名謂或殊乎故紀其詳以示博雅者

東坡作碑銘

東坡祭張文定文云軾於天下未嘗銘墓獨銘五人皆盛德故以文集考之凡七篇若富韓公司馬溫公趙清獻公范蜀公并張公坡所自作此外趙康靖滕元發二誌乃代張公者故不列於五人之數眉州小集有元祐中奏稿云臣近

準敕差撰故同知樞密院事趙瞻神道碑并書者臣平生本不爲人撰行狀埋銘墓碑士大夫所共知只因近日撰司馬光行狀盖爲光曾爲臣亡母程氏撰埋銘又爲范鎮撰墓誌盖爲鎮與先臣某平生交契至深不可不撰及奉詔撰司馬光富弼等墓碑不可固辭然終非本志況臣老病廢學文詞鄙陋不稱人子所欲顯揚其親之意伏望聖慈別擇能者特許辭免觀此一奏可印公心而杭本奏議十五卷中不載

洗兒金錢

車駕都錢塘以來皇子在邸生男及女則戚里三衙浙漕京尹皆有餉獻隨即致答自金幣之外洗兒錢果動以十數合極其珍巧若揔而言之殆不可勝筭莫知其事例之所起劉原甫在嘉祐中因論無故疎決云在外群情皆云聖意以皇女生故施此慶恐非王者之令典也又聞多作金銀犀象玉石琥珀玳瑁檀香等錢及鑄金銀爲花果賜予臣下自宰相臺諫皆受此賜

無益之費無名之賞殆無甚於此若欲夸示奢麗爲世俗之觀則可矣非所以軌物訓儉也宰相臺諫以道德輔主奈何空受此賜曾無一言遂事不諫臣願深執恭儉以答上天之貺不宜行姑息之恩以損政體偉哉劉公之論其勁切如此歐陽公銘墓畧而不書予爲國史亦不知載於本傳此方讀其奏章故敬紀之韓偓金鑾密記云天復二年大駕在岐皇女生三日賜洗兒果子金銀錢銀葉坐子金銀鋌子予謂唐昭

宗於是時尚復講此而在庭無一言蓋宮掖相
承欲罷不能也

告命失故事

祖宗時知制誥六員故朝廷除授雖京官磨勘
選人改秩奏薦門客恩科助教率皆命詞然有
官刻已崇而有司不舉者多出時相之意劉原
甫掌外制以任顯落職不降誥詞曾奏陳以爲
非故事得旨即施行之已而劉元瑜王琪降官
直以勑牒劉又言非朝廷賞罰訓誥甚重之意

今觀劉集有太平州文學袁嗣立政江州文學制云昔先王簡不帥教而不變者屏之裔土終身不齒若爾之行豈足顧哉然猶假以仕板徙之善郡不貲之恩也勉思自新無重其咎未幾嗣立又徙洪州制云爾頃冒憲典遷之尋陽復以親嫌於法當避夫薄志節寡廉耻者固不可使處有嫌之地益徙豫章思自湔滌嗣立之事微矣乃費兩誥讀此命書可知其人漫書之以發一笑

扁字二義

扁音薄典切唐韻二義其一曰扁署門戶其一曰姓也此外無他説案鶡冠子云五家爲伍十伍爲里四里爲扁扁爲之長十扁爲鄉其上爲縣爲郡其不奉上令者以告扁長盖如遂黨都保之稱諸書皆不載

娑羅樹

世俗多指言月中桂爲娑羅樹不知所起案酉陽雜俎云巴陵有寺僧房床下忽生一木隨伐

而長外國僧見曰此娑羅也元嘉中出一花如蓮唐天寶初安西進娑羅枝狀言臣所管四鎮拔汗那國有娑羅樹特爲奇絶不比凡草不止惡禽近來得樹枝二百莖以進予比得楚州淮陰縣唐開元十一年海州刺史李邕所作娑羅樹碑云非中夏物土所宜有者婆娑十畝蔚映千人惡禽翔而不集好鳥止而不巢深識者雖徘徊仰止而莫知冥植博物者雖沉吟稱引而莫辨嘉名隨所方面頗證靈應東瘁則青郊苦

而歲不稔西茂則白蔵秦而秋有成嘗有三藏
義淨還自西域齋戒瞻嘆於是邑宰張松質請
邕述文建碑觀邕所言惡禽不集正與上說同
又有松質一書答邕云此土王像爰及石龜一
離淮陰百有餘載前後抗表尚不能稱賴公威
德備聞所以還歸故里謹遣僧三人父老七人
齎狀拜謝宣和中向子諲過淮陰見此樹今有
二本方廣丈餘蓋非故物蔣穎叔云王像石龜
不知今安在然則娑羅之異世間無別種也吳

興芳煒國器有從沈文伯乞娑羅樹碑古風一首云楚州淮陰娑羅樹霜露榮悴今何如能令草木死不朽當時爲有北海書荒碑雨侵澁苔蘚尚想墨本傳東吳正賦此也歐陽公有定力院七葉木詩云伊洛多佳木娑羅舊得名常於佛家見宜在月宮生釦砌陰鋪靜虛堂子落聲亦此樹耳所謂七葉者未詳

容齋四筆卷第六

容齋四筆卷第七 十四則

天咫

黄魯直和王定國詩聞蘇子由病卧績溪云湔祓瘴霧姿朝趨去天咫蜀士任淵注引天威不違顔咫尺子按國語楚靈築三城使子晳問范無宇無宇不可王曰是知天咫安知民則韋昭曰咫者少也言少知天道耳酉陽雜俎有天咫篇黄詩蓋用此徐師川喜王秀才見過小酌翫月四言曰君家近市所見天咫庭户之間容光

能幾菰蒲之中江湖之渙一碧萬頃長空千里

正祖述黃所用云

縣尉爲少仙

隨筆載縣尉爲少公子後得晏幾道叔原一帖與通叟少公者正用此也杜詩有野望因過常少仙一篇所謂落盡高天日幽人未遣回者蜀士注曰少仙應是言縣尉也縣尉謂之少府而梅福爲尉有神仙之稱少仙二字尤爲清雅與今俗呼爲仙尉不侔矣

杜詩用受覺二字

杜詩所用受覺二字皆絕奇今攟其受字云脩竹不受暑匆受外嫌猜莫受二毛侵監河受貸粟輕燕受風斜能事不受相促迫野航恰受兩三人一雙白魚不受釣雄姿未受伏櫪恩其覺字云已覺糟牀注身覺省郎在自覺成老醜更覺松竹幽日覺死生忙最覺潤龍鱗喜覺都城動更覺老隨人毎覺昇元輔覺而行步奔尚覺王孫貴舍悽覺汝賢廚煙覺遠庖詩成覺有巳

巳覺披衣慣自覺酒須賒早覺仲容賢城池未
覺喧無人覺來往人才覺弟優直覺巫山暮重
覺在天邊行遲更覺仙深覺負平生秋覺追隨
盡追隨不覺晚熊羆覺自肥自覺坐能堅巳覺
良宵永更覺綵衣春巳覺氣與嵩華敵未覺千
金滿高價梅花欲開不自覺胡來不覺潼關隘
自得隋珠覺夜明放筯未覺金盤空東歸貪路
自覺難更覺良工心獨苦始覺屏障生光輝不
覺前賢畏後生更情更覺滄洲遠我獨覺子神

充實習池未覺風流盡用之雖多然每字命意
不同又雜於千五百篇中學者讀之唯見其新
工也若陳簡齋亦好用此二字未免頻復者蓋
只在數百篇内所以見其多如未受風作惡不
受珠璣絡不受折簡呼不受人招麾不受安危
侵飽受今日閒却扇受景風語聞受遠響坐受
世故驅庭栢不受寒可復受憂慼寧受此酸辛
滔滔江受風坐受世褊迫淸池不受暑平池受
細雨窮村受春晚不受急景催肯受元規塵了

不受榮悴意閒不受榮與辱獨自人閒不受寒
枯木無枝不受寒天馬何妨畧受羈來禽花高
不受折不受陰晴與寒暑長林巨木受軒輊未
覺懶相先未覺壯心休未覺身淹留未覺墉陰
遲未覺欠孟嘉未覺有等倫未覺風來遲未覺
經旬久欲往還覺非獨覺賦詩難稍覺夜月添
菰蒲覺風入未覺此計非高處覺眼新意定覺
景多未覺徐娘老未覺有榮辱未覺饑腸虛未
覺平生與願違村空更覺水潺湲眼中微覺欠

扁舟居夷更覺中原好便覺杯觴耐薄寒墻頭花定覺風闌可謂多矣盖喜用其字自不知下筆所著也

西太一宮六言

楊柳鳴蜩緑暗荷花落日紅酣三十六陂春水白頭想見江南荆公題西太一宮六言首篇也今臨川刻本以楊柳爲柳葉其意欲與荷花爲切對而語句遂不佳此猶未足問至改三十六陂春水爲三十六宮煙水則極可笑公本意以

在京華中故想見江南等物何預於宫禁哉不學者妄意塗竄殊爲害也彼盖以太一宫爲禁廷離宫爾

由與猶同

新唐書藩鎮傳序云其人自視由羗狄然據字義由當爲猶故吴縝作唐書音訓有糾謬一篇正指其失彼元不深究孟子也文惠公頃與予作唐書補過嘗駮其説予作文每用之輒爲人所疑問今爲詳載於此如以齊王由反手也由

弓人而恥爲弓土由足用爲善是由惡醉而強
酒由己溺之由己飢之由射於百步之外見且
由不得亟其義皆然蓋由與猶通用也

人焉廋哉

孔子論人之善惡始之曰視其所以繼之以觀
其所由察其所安然後重言之曰人焉廋哉人
焉廋哉蓋以上之三語詳察之也而孟氏一斷以
眸子其言曰存乎人者莫良於眸子眸子不能
掩其惡胷中正則眸子瞭焉胷中不正則眸子

眊焉聽其言也觀其眸子人焉廋哉說者謂人與物接之時其神在目故胷中正則神精而明不正則神散而昏心之所發并此而觀則人之邪正不可匿矣言猶可以僞爲眸子則有不容僞者孔聖既以發之於前孟子知言之要續爲之說故簡亮如此舊見王季明云太學士子嘗戲作一論其畧曰知人焉廋哉之義然後知人焉廋哉人焉廋哉之義知人焉廋哉人焉廋哉之義然後知人焉廋哉之義孔子所云人焉廋

哉人焉廋哉者詳言之也孟子所云人焉廋哉者畧言之也孔子之所謂人焉廋哉人焉廋哉即孟子之所謂人焉廋哉也孟子之所謂人焉廋哉即孔子之所謂人焉廋哉人焉廋哉也繼又疊三語爲一云夫人焉廋哉人焉廋哉人焉廋哉雖曰不同而其所以爲人焉廋哉人焉廋哉人焉廋哉未始不同演而成數百字可資一笑亦幾於侮聖言矣

久而俱化

天生萬物久而與之俱化固其理焉無閒於有情無情有知無知也予得雙鴈於衢人鄭伯膺純白色極馴擾可翫寘之雲壑不遠飛翔未幾殞其一其一塊獨無儔因念白鵞正同色又性亦相類乃取一隻與同處始也兩下不相賓接見則東西分背雖一盆飼穀不肯並啜如是五日漸復相就踰旬之後怡然同群但形體有大小而色澤飛鳴則一久之鴈不自知其爲鴈鵞不自知其爲鵞宛如同巢而生者與之俱化於

是騐馬今人呼鵞爲野鴈或稱家鴈其褐色者爲鳫鵞鴈之最大者曰天鵞唐太宗時吐蕃禄東贊上書以謂聖功遠被雖鴈飛于天無是之速鵞猶鴈也遂鑄金爲鵞以獻盖三禽一種也

黄文江賦

晩唐士人作律賦多以古事爲題寓悲傷之旨如吳融徐寅諸人是也黄滔字文江亦以此擅名有明皇回駕經馬嵬坡隔句云日慘風悲到玉顏之死處花愁露泣認朱臉之啼痕褒雲萬

疊斷腸新出於啼猿秦樹千層比翼不如於飛鳥羽衛參差擁翠華而不發天顏愴恨覺紅袖以難留神仙表態忽零落以無歸雨露成波已沾濡而不及六馬歸秦却經過於此地九泉隔越幾悽惻於平生景陽井云理昧納隍處窮泉而詎得誠乖馭朽攀素綆以胡顏青銅有恨也從零落於秋風碧浪無情寧解流傳於夜壑荒凉四面花朝而不見朱顏滴瀝千尋雨夜而空啼碧溜莫可追尋玉樹之歌聲邈矣最堪惆悵

金瓶之咽處依然館娃宮云花顏縹緲欺樹裏之春風銀燭熒煌却城頭之曉色恨留山鳥啼百草之春紅愁寄壠雲鑠四天之暮碧遺堵壓空幾踐群遊之鹿滄洲月在寧銷怒觸之濤陳皇后因賦復寵云已爲無雨之期空懸夢寐終自凌雲之製能致煙霄秋色云空三楚之暮天樓中歷歷滿六朝之故地草際悠悠白日上昇云較美古今列子之乘風固劣論功晝夜姮娥之奔月非優凡此數十聯皆研確有情致若夫

格律之卑則自當時體如此耳

沈季長進言

沈季長元豐中爲崇政殿說書考開封進士既罷入見神宗曰論不以智治國誰爲此者對曰李定所爲上曰聞定意議朕季長曰定事陛下有年頃者御史言定乃人倫所棄陛下力排羣議而定始得爲人如初繼又擢用不次定雖懷利尚當知恩臣以此敢謂無議陛下意詩序曰言之者無罪聞之者足以戒書曰小人怨汝詈

汝則皇自敬德陛下自視豈任智者不知何自嫌疑乃信此爲譏也上曰卿言甚善朕今已釋然矣卿長者乃喜爲人辯謗對曰臣非爲人辯謗乃爲陛下辯譖耳他日上語及前代君臣因曰漢武帝學神仙不死之術卿曉其意否此乃貪生以固位耳故其晚年舉措謬戾禍貽骨肉幾覆宗社且人主固位其禍猶爾則爲人臣而固位者其患亦何所不至故朕每患天下之士能輕爵禄者少季長曰士而輕爵禄爲士言之

則可爲國言之則非福也人主有尊德樂道之志士皆以不得爵禄爲耻寧有輕爵禄者哉至於言違諫怫士有去志故以爵禄爲輕上曰誠如卿言按季長雖嘗至脩起居注其後但終於庶僚史不立傳王和甫銘其墓載此兩論予在史院時未之見也其子銖爲侍從恨不獲附見之故表出於是

繁遏渠

國語魯叔孫穆子曰金奏肆夏繁遏渠天子所

以饗元侯也韋昭注曰繁遏渠肆夏之三也禮有九夏皆篇名昭雖曉其義而不詳釋按周禮春官鍾師掌金奏以鍾鼓奏九夏鄭氏注引吕叔玉云肆夏繁遏渠皆周頌也肆夏時邁也繁遏執競也渠思文也又曰繁多也遏止也言福禄止於周之多也故執競曰降福穰穰降福簡簡渠大也言以后稷配天王道之大也故思文曰思文后稷克配彼天予謂此説亦近於鑿

替戾岡

坡公游鶴林招隱有岡字韻詩凡作七首最後云背城借一吾何敢切勿樽前替戾岡小兒問三字所出按晉書佛圖澄傳澄能聽鈴音以知吉凶徃投石勒及劉曜攻洛陽勒將救之其群下咸諫以爲不可勒以訪澄澄曰相輪鈴音云秀支替戾岡僕谷劬禿當此羯語也秀支軍也替戾岡出也僕谷劉曜胡位也劬禿當捉也此言軍出捉得曜也勒遂擒曜坡公正用此云

瀦公平章重事

文潞公元豐六年以太師致仕時七十八歲矣後二年哲宗即位太皇太后垂簾同聽政用司馬公爲門下侍郎公奏乞召潞公置之百寮之首以鎮安四海后遣中使梁惟簡宣諭曰彥博名位已重又得人心今天子幼冲恐其有震主之威且於輔相中無處安排又已致仕難爲復起公當時以新入不敢復言元祐元年三月公拜左僕射乃再上奏曰書曰人惟求舊盖以其歷年之多也彥博沉敏有謀畧知國家治體能

斷大事自仁宗以來出將入相功效顯著天下所共知年踰八十精力尚強臣初曾奏陳䒭蒙宣諭切惟彥博一書生爾年過桑榆富貴已極夫復何求非有兵權死黨可畏懼也假使爲相一旦欲罷之止煩召一學士授以詞頭白麻旣出則一匹夫爾何難制之有震主之威防慮太過若依今官制用之爲相以太師兼侍中行左僕射有何不可儻不欲以劇務煩老臣則凡常程文書只委右僕射以下簽書發遣惟事有難

决者方就彥博咨禀自古致仕復起盖非一人彥博今年八十一不過得其數年之力願急用之臣但以門下侍郎助彥博恐亦時有小補今不以彥博首相而以臣處之是猶捨騏驥而策駑駘也切爲朝廷惜之若以除臣左僕射難爲無故以他人易之則臣欲露表舉其自代奏入不許給事中范純仁亦勸乞召致留爲師臣未幾右僕射韓縝求去后始賜司馬公省詔欲除彥博兼侍中行右僕射事其合行恩禮令 相度

條具公以名體未正不敢居其上乞以左僕射自守右僕射詔曰使彦博居卿上非予所以待卿之意卿更思之公執奏言臣爲京官時彦博巳爲宰相今使彦博列位在下非所以正大倫也於是召赴闕既而御史中丞劉摯左正言朱光庭右正言王覿俱上言彦博春秋高不可爲三省長官司馬公又言若令以正太師平章軍國重事亦足以尊老成矣四月遂下制如公言詔一月兩赴經筵六日一入朝因至都堂與執

政商量事朝廷有大政令即與輔臣共議潞公此命可謂鄭重費力盖本不出於主意也然居位越五年屢謝病乃得歸竟坐此貽紹聖之貶

考課之法廢

唐制尚書考功掌内外文武官吏之考課凡應考之官家具録當年功過行能本司及本州長官對衆讀議其優劣定爲九等考第然後送省別勑定京官位望高者二人一校京官考一校外官考又定給事中中書舍人各一人一監京

官考一監外官考郎中判京官考員外郎判外官考凡考課之法有四善二十七最一最以上有四善爲上上有三善或無最而有四善爲上中有二善或無最而有三善爲上下其末至於居官諂詐貪濁有狀爲下下外州别司録録事參軍主之各據之以爲黜陟國朝此法尚存慶曆皇祐中黄亞夫庶佐一府三州幕其集所載考詞十四篇黄司理者曰治犴獄歲在周矣論其罪棄市者五十四流若徒三百十有四杖百

八十六皆得其情無有寃隱不伸非才也其孰能其考可書中舞陽尉者曰舞陽太約地廣它盜徃徃囊橐於其閒居一歲爲竊與強者凡十一前件官捕得之其亡者一而已矣非才焉固不能可書中法曹劉昭遠者曰法者禮之防也其用之以當人情爲得刻者爲之則拘而少恩前件官以通經舉進士始掾於此若老於爲法者毎抱具獄必傅之經義然後處故無一不當其情其考可書中它皆類此不知其制廢於何

時令但付之士按吏據定式書於印紙比者又令郡守定縣令臧否高下人亦不知所從出若使稍復舊貫似爲得宜雖未必人人盡公得實然思過半矣

小官受俸

沈存中筆談書國初時州縣之小官俸入至薄故有五貫九百六十俸省錢且作足錢用之語黄亞夫皇祐閒自序其所爲伐檀集云歷佐一府三州皆爲從事踰十年郡之政巨細無不與

大抵止於薄書獄訟而已其心之所存可以効於君補於國資於民者曾未有一事可以自見然月廩於官粟麥常兩斛錢常七千問其所爲乃一常人皆可不勉而能茲素餐昭昭矣遂以伐檀名其集且識其愧予謂今之仕宦雖主簿尉蓋或七八倍於此然常有不足之歎若兩斛七千秪可祿一書吏小校耳豈非風俗日趨於浮靡人用日以汏物價日以滋致於不能贍足乎亞夫之立志如此真可重也山谷先生乃其

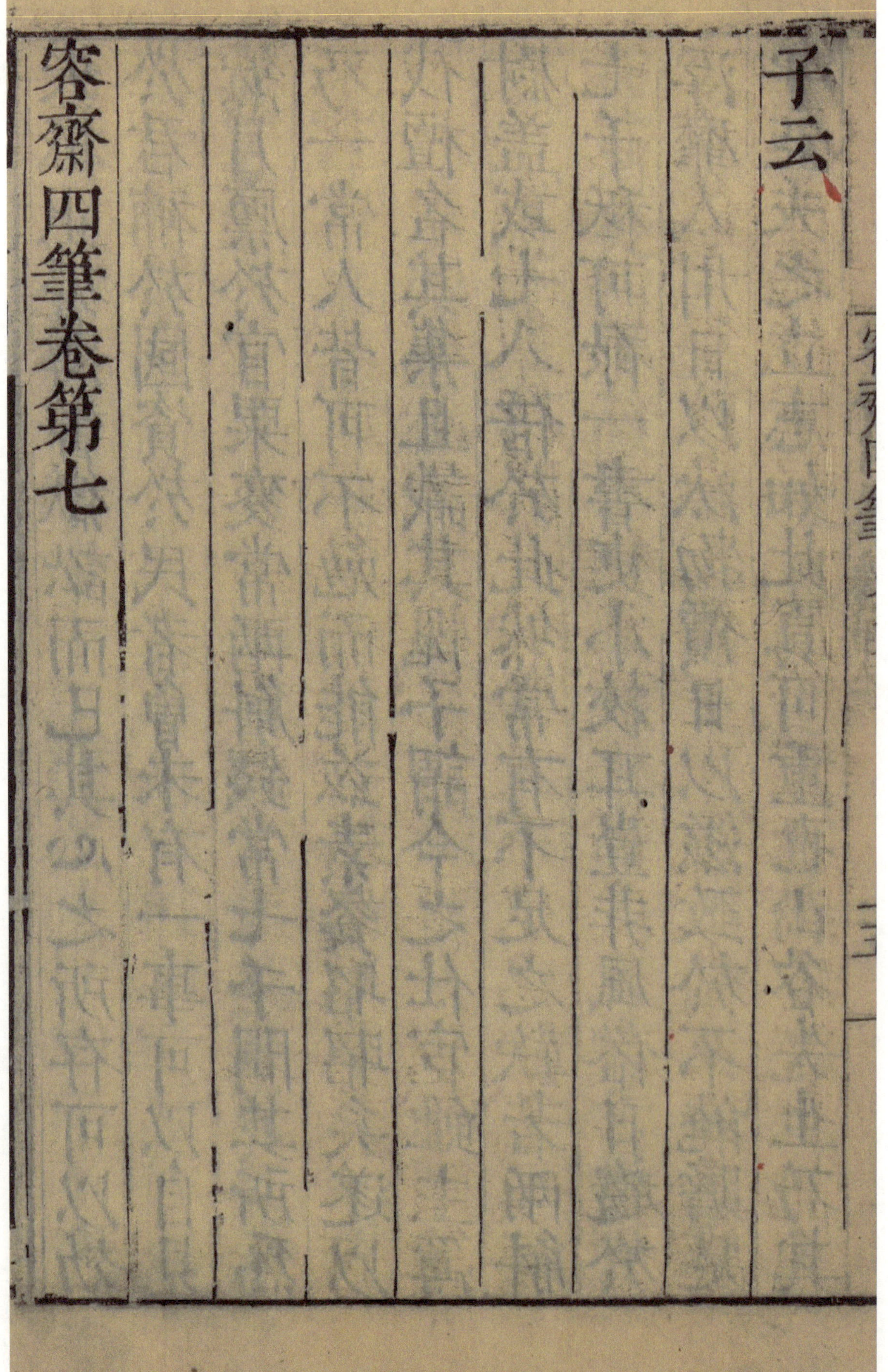

子云

容齋四筆卷第七

容齋四筆卷第八　十七則

庫路真

新唐書地里志襄州土貢漆器庫路真二品十乘花文五乘庫路真者漆器名也然其義不可曉元豐九域志云貢漆器二十事是以于頔傳頔爲襄陽節度襄有髹器天下以爲法至頔驕蹇故方帥不法者稱爲襄樣節度舊唐書職官志武德七年改秦王齊王下領三衛及庫真驅咥真並爲統軍疑是周隋閒西邊方言也記白

樂天集曾有一説而未之見

得意失意詩

舊傳有詩四句誦世人得意者云久旱逢甘雨他鄉見故知洞房花燭夜金榜掛名時好事者續以失意四句曰寡婦攜兒泣將軍被敵擒失恩宮女面下第舉人心此二詩可喜可悲之狀極矣

狄監盧尹

文潞公留守西京年七十七爲耆英會凡十有

二人時富韓公年七十九最長至于太中大夫張問年七十唯司馬公方六十四歲用狄監盧尹故事亦預於會或問狄盧之説乃見唐白樂天集今所謂九老圖者懷州司馬胡杲年八十九衛尉卿吉皎年八十六龍武長史鄭據八十四慈州刺史劉嘉侍御史盧正皆八十二其年皆在元豐諸公之上永州刺史張渾刑部尚書白居易皆七十四時會昌五年白公序云六賢皆多年壽予亦次焉秘書監狄兼謩河南尹盧

正以年未七十雖與會而不及列故溫公紀韓公至張昌言而自不書今士大夫皆熟知此事姑志狄盧二賢以示兒輩但唐兩盧正本字犯廟諱而又同會疑文字或誤云

項韓兵書

漢成帝時任宏論次兵書爲四種其權謀中有韓信三篇形勢中有項王一篇前後藝文志載之且云漢興張良韓信序次兵法凡百八十二家删取要用定著三十五家諸呂用事而盜取

之項韓雖不得其死而遺書可傳於後者漢世不廢今不復可見矣

承天塔記

黄魯直初謫戎涪既得歸而湖北轉運判官陳舉以時相趙淸憲與之有小怨訐其所作荆南承天塔記以爲幸災遂除名羈管宜州竟卒于彼今豫章集不載其文盖謂因之兆禍故不忍著録其曾孫嵤續編别集始得見之大畧云余得罪竄黔中道出江陵寓承天禪院住持僧智

珠方徹舊浮圖於地而屬曰余成功之後願乞文記之後六年蒙恩東歸則七級巋然巳立於是作記其後云儒者嘗論一佛寺之費蓋中民萬家之產實生民穀帛之蠹雖余亦謂之然然自省事以來觀天下財力屈竭之端國家無大軍旅勤民丁賦之政則蝗旱水溢或疾疫連數十州此蓋生人之共業盈虛有數非人力所能勝者邪其語不過如是初無幸災風刺之意乃至於遠斥以死寃哉

穆護歌

郭茂倩編次樂府詩穆護歌一篇引歷代歌辭曰曲犯角其語曰玉管朝朝弄清歌日日新折花當驛路寄與隴頭人黄魯直題牧護歌後云予嘗問人此歌皆莫能說牧護之義昔在巴僰閒六年問諸道人亦莫能說他日船宿雲安野次會其人祭神罷而飲福坐客更起舞而歌木瓠其詞有云聽說商人木瓠四海五湖曾去中有數十句皆叙賈人之樂末云一言為報諸人

倒盡百瓶歸去繼有數人起舞皆陳述已事而始末畧同問其所以爲木瓠盖瓠曲木狀如瓠擊之以爲歌舞之節耳乃悟穆護盖木瓠也據此説則茂倩所序爲不知本原云且四句律詩如何便差排爲犯角曲殊無意義

省試取人額

累舉省試鎖院至開院限以一月如未訖事則申展亦不過十日所奏名一十四人取一爲定數不知此制起於何年黄魯直以元祐三年爲

貢院參詳官有書帖一紙云正月乙丑鎖太學試禮部進士四千七百三十二人三月戊申具奏進士五百人乃是在院四十四日而九人半取一人視今日爲不侔也此帖載於别集

通印子魚

魚通印之語本出於王荆公送張兵部知福州詩長魚俎上通三印之句盖以福州瀕海多魚其大如此初不指言爲子魚也東坡始以通印子魚對披緜黄雀乃借子字與黄字爲假對耳

山谷所云子魚通印蠔破山蓋承而用之陳正敏遯齋閒覽云其地有通應廟廟前港中子魚最佳王初寮詩通應子魚鹽透白正采其說郡人黃處權云興化子魚去城五十里地名迎仙者爲上所產之處土名謂之子魚潭而已初無通應港之名有大神祠賜額曰顯應乃遯齋所指之廟者亦非通應也潭傍又有小祠一間庳陋之甚農家以祀田神好事欲實遯齋之說遂粉刷一扁妄標曰通應廟側題五小字曰元祐

某年立此尤可笑且用神廟封額以名土物它處未嘗有也

壽亭侯印

荆門玉泉關將軍廟中有壽亭侯印一鈕其上大環徑四寸下連四環皆系於印上相傳云紹興中洞庭漁者得之入于潭府以爲關雲長封漢壽亭侯此其故物也故以歸之廟中南雄守黄兊見臨川興聖院僧惠通印圖形爲作記而復州寶相院又以建炎二年因伐木於三門大

樹下土中深四尺餘得此印其環并背俱有文云漢建安二十年壽亭侯印今留於左藏庫邵州守黄沃叔啓慶元二年復買一鈕於郡人張氏其文正同只欠五系環耳予以謂皆非真漢物且漢壽乃亭名既以封雲長不應去漢字又其大比它漢印幾倍之聞嘉興王仲言亦有其一侯印一而已安得有四雲長以四年受封當即刻印不應在二十年尤非也是特後人爲之以奉廟祭其數必多今流落人間者尚如此也

子爲黃叔啓作辨跋一篇見贅稾

茸附治疽漏

時康祖病心痔二十年用聖惠方治腰痛者鹿茸附子服之月餘而愈夷堅巳志書其事予每與醫言輒云癰疽之發蘊熱之極也烏有翻使熱藥之理福州醫郭晉卿云脉陷則害漏陷者冷也若氣血溫煖則漏自止正用得茸附按内經素問生氣通天論曰陷脉爲瘻留連肉腠注云陷脉謂寒氣陷缺其脉也積寒留舍經血稽

凝久瘀内攻結於肉理故發爲瘍瘻肉賸相連此説可謂明白故復記於此庶幾或有助於瘍醫云

莆田荔枝

莆田荔枝名品皆出天成雖以其核種之終與其本不相類宋香之後無宋香所存者孫枝爾陳紫之後無陳紫過墻則爲小陳紫矣筆談謂焦核荔子土人能爲之取本木去其大根火燔令焦復植於土以石壓之令勿生旁根其核自

小里人謂不然此果形狀變態百出不可以理求或似龍牙或類鳳爪釵頭紅之可簪綠珠子之旁綴是豈人力所能加哉初方氏有樹結實數千顆欲重其名以二百顆送蔡忠惠公給以常歲所産止此公爲目之曰方家紅著之於譜印證其妄自後華實雖極繁茂逮至成熟所存者未嘗越二百遂成語讖此段已載遯齋閒覽中郡士黄處權復志其詳如此

雙陸不勝

新唐書狄仁傑傳武后召問夢雙陸不勝何也仁傑與王方慶俱在二人同辭對曰雙陸不勝無子也天其意者以儆陛下乎於是召還廬陵王舊史不載資治通鑑但書鸚鵡折翼一事而考異云雙陸之說世傳狄梁公傳有之以爲李邕所作而其詞多鄙誕疑非本書故黜不取藝文志有李繁大唐說纂四卷今罕得其書予家有之凡所紀事率不過數十字極爲簡要新史大抵采用之其忠節一門曰武后問石泉公王

方慶曰朕夜夢雙陸不勝何也曰蓋謂宮中無子意者恐有神靈儆夫陛下因陳人心在唐之意后大悟召廬陵王復其儲位俾石泉公爲宮相以輔翊之然則新史兼采二李之説而爲狄爲王莫能辨也通鑑去之似爲可惜

華元入楚師

左傳楚莊王圍宋宋華元夜入楚師登子反之床起之曰寡君使元以病告子反懼與之盟而退三十里杜注曰兵法因其鄉人而用之必先

知其守將左右謁者門者之姓名因而利道之華元蓋用此術得以自通予按前三年晉楚邲之戰隨武子稱楚之善曰軍行右轅左追蓐前茅慮無中權後勁軍政不戒而備大抵言其備豫之固今使敵人能入上將之幕而登其牀則刺客姦人何施不得雖至於王所可也豈所謂軍制乎疑不然也公羊傳云楚使子反乘堙而闚宋城宋華元亦乘堙而出見之其說比左氏爲有理

公羊用疊語

公羊傳書楚子圍宋宋人及楚人平事幾四百字其稱司馬子反者八又再曰將去而歸爾然後而歸爾臣請歸爾吾亦從子而歸爾又三書軍有七日之糧爾凡五用爾字然不覺其煩

文書誤一字

文書一字之誤有絶係利害者予親經其三焉至今思之猶爲汗下乾道二年冬蒙恩召還過三衢郡守何德輔問奏對用幾劄因出草藁示

之其一乞蠲減鄱陽歲貢誕節金千兩事言此貢不知起於何時或云藝祖初下江南郡庫適有金守臣取以獻長春節遂爲故事誤書長春爲萬春乃金主褒節名也德輔讀之指以相告予悚然面發赤亟改之三年以侍講講毛詩作發題引孔子於論語中說詩處云不學詩無以言誤書言爲立巳寫進讀正本經筵吏袁顯忠曰恐是言字予愧謝之淳熙十三年在翰苑作賜安南國曆日詔云茲履夏正載頒漢朔書夏

正爲周正院吏以呈宰執周益公見而摘其誤吏還以告盖語順意同一時不自覺也

歷代史本末

古者世有史官其著見於今則自堯舜二典始周之諸侯各有國史孔子因魯史記而作春秋左氏爲之傳鄭志宋志晉齊太史南史氏之事皆見焉更纂異同以爲國語漢司馬談自以其先周室之太史有述作之意傳其子遷紬金匱石室之書罔羅天下放失舊聞述黄帝以來至

于元狩馳騁古今上下數千載閒變編年之體爲十二本紀十表八書三十世家七十列傳凡百三十篇而十篇有錄無書元成之閒褚先生補鈌作武帝紀三王世家龜策日者列傳張晏以爲言辭鄙陋今雜於書中而藝文志有馮商續太史公七篇則泯沒不見司馬之書旣出後世雖有作者不能少紊其規制班彪固父子以爲漢紹堯運建帝業而六世史臣追述功德私作本紀編於百王之末厠於秦項之列故探纂

前紀綴輯舊聞以述漢書起于高祖終于王莽之誅大抵仍司馬氏第更八書爲十志而無世家凡百卷固死其書未能全女弟昭續成之是爲前漢書荀悦漢紀則續所論著者也後漢之事初命儒臣著述於東觀謂之漢紀其後有袁宏紀張璠薛瑩謝承華嶠袁山松劉義慶謝沈皆有書宋范曄刪采爲十紀八十列傳是爲後漢書而張璠以下諸家盡廢其志則劉昭所補也三國雜史至多有王沈魏書元行冲魏典魚

彖典畧張勃吳録韋昭吳書孫盛魏春秋司馬彪九州春秋丘悅三國典畧員半千三國春秋虞溥江表傳今唯以陳壽書爲定是爲三國志晉書則有王隱虞預謝靈運臧榮緒孫綽干寶諸家唐太宗詔房喬褚遂良等修定爲百三十卷以四論太宗所作故總名之曰御撰是爲晉書至今用之南北兩朝各四代而僭僞之國十數其書尤多如徐爰孫嚴王智深顧野王魏澹張大素李德林之正史皆不傳今之存者沈約

宋書蕭子顯齊書姚思廉梁陳書魏收魏書李
百藥北齊書令狐德棻周書魏鄭公隋書其它
國則有和包漢趙紀田融趙石記范亨燕書王
景暉南燕録高閭燕志劉昞凉書裴景仁秦記
崔鴻十六國春秋蕭方武敏之三十國春秋李
太師延壽父子悉取爲南史八十卷北史百卷
今沈約以下八史雖存而李氏之書獨行是爲
南北史唐自高祖至于武宗有實録後唐脩爲
書劉煦所上者是已而猥襍無統國朝慶曆中

復詔刋脩歷十七年而成歐陽文忠公主紀表志宋景文公主傳今行於世梁唐晉漢周謂之五代國初監脩國史薛居正提舉上之其後歐陽芟爲新書故唐五代史各有舊新之目凡十七代本末如此稚兒數以爲問故詳記之

賢者一言解疑謗

賢者以單詞片言爲人釋謗解患卓卓可書者予得兩事焉秦氏當國時先忠宣公鄭亨仲資政胡明仲侍郎朱新仲舍人皆在謫籍分置廣

東方務德爲經畧帥待之盡禮秦對一客言曰方滋在廣部凡得罪於朝廷者必加意護結得非欲爲異日地乎客曰非公相有云不敢輒言方滋之爲人天性長者凡於人唯以周旋爲志非獨於遷客然也秦悟曰方務德却是箇周旋底人其疑遂釋當時使一儉巧者承其問微肆一語方必得罪而諸公不得安迹矣言之者哥謂大君子當求之古人中嚴陵王大卞赴曲江守過南安謁張先生子韶從容言大卞頃在檢

院以羅彥濟中丞章去國其後彥濟自吏書出守嚴遂遷避於蘭溪彥濟到郡遺書相邀曰與君有同年之契何爲爾不得已復還既見啓語云前此臺評乃朱新仲所作託造物之意以相援一時失於審思至今爲悔此事既往今適守韶而朱在彼邂逅有弗愜爲之柰何張揣其必將修怨即云國先爲君子爲小人皆在此舉王悚然曰謹受教至則降意彌縫終二年不見分毫形迹蓋本自相善也予曩侍張公坐聞其言

故追紀之

容齋四筆卷第九 十六則

蔣魏公逸史

蔣魏公逸史二十卷潁叔所著也多紀當時典章文物云舊有數百冊兵火間盡失之其曾孫芾始攟摭遺藁而成此書將以奏御以其副上之太史且板行之傳之天下後世既而不果蔣公在熙寧元祐崇寧時名爲博聞強識然閲其論述頗有可議恨不及丞相在日與之言其一云行守試視其官品之高下除者必帶本官呂

晦叔除守司空而不帶金紫光禄大夫者此翰林之失也既不帶官不當著守字故晦叔辨之遂去守字爲正司空議者謂超過特進東宫三太儀同矣予謂行守試必帶正官固也然自改官制以後既爲司空自不應復帶階官吕從金紫遷只是超特進一級耳東宫三太何嘗以爲宰相官儀同又係使相也吕亦無自辨之説其二云文潞公既爲真太師矣其罷也乃加守字潞公怏怏諸公欲爲去之議者謂非典故潞公

之意止欲以真太師致仕耳諸公曰如此可乎曰不可爲真太師則在宰相之上竟不去守字但出劄子令權去之案潞公本以開府儀同三司守太師河東節度使致仕入爲平章軍國重事故繫銜只云太師及再致仕悉還舊稱當時有旨於制詞内除去守字以嘗正任太師也所謂劄子權去恐或不然其三云舊制執政雙轉謂自工部侍郎轉刑部刑部轉兵部兵部轉工部尚書惟宰相對轉工部侍郎直轉工書比執

政三遷也予考舊制執政轉官與學士等六侍郎則升兩曹以工禮刑户兵吏爲敘至兵侍者轉右丞至吏侍者轉左丞皆轉工書然後細遷令言兵侍即轉工書非也宰相爲侍郎者升三曹爲尚書者雙轉如工侍轉户侍禮侍轉兵侍若係户侍當改二丞而宰相故事不立丞故直遷尚書令言工侍對轉工書非也其四云楊察爲翰林學士一夜當三制劉沆以參知政事富弼以宣徽使皆除宰相宣徽在參政下則富當

在劉丁乃誤以居上人皆不覺其失惟學士李淑知之揚言其事遂貼麻改之予考國史至和元年八月劉沆以參知政事拜集賢相二年六月以忠武軍節度使知永興軍文彥博爲昭文相位第一劉沆遷史館相位第二宣徽南院使判并州富弼爲集賢相位第三其夕三制是已而劉先一年已在相位初無失誤貼改之説其

五云有四儀同一曰開府儀同三司二曰儀同三司三曰左儀同三司四曰右儀同三司叅自

漢鄧隲始爲儀同三司魏晉以降但有開府儀同三司之目周隋又增上字爲一階又改儀同三司爲儀同大將軍又有開府上開府儀同上儀同班列益卑未嘗有左右之稱也後進不當輒議前輩因孫偃有問書以示之

沈慶之嘗景宗詩

宋孝武嘗令羣臣賦詩沈慶之手不知書每恨眼不識字上逼令作詩慶之曰臣不知書請口授師伯上即令顔師伯執筆慶之口授之曰微

生遇多幸得逢時運昌朽老筋力盡徒步還南
岡辭榮此聖世何愧張子房上甚悅衆坐並稱
其辭意之美梁曹景宗破魏軍還振旅凱入武
帝宴飲聯句令沈約賦韻景宗不得韻意色不
平啓求賦詩帝曰卿伎能甚多人才英拔何必
止在一詩景宗已醉求作不已時韻已盡唯餘
競病二字景宗便操筆其辭曰去時兒女悲歸
來笳鼓競借問行路人何如霍去病帝歎不已
約及朝賢驚嗟竟日予謂沈曹二公未必能辨

此疑好事者爲之然正可爲一佳對曰辭榮聖世何愧子房借問路人何如去病若全用後兩句亦自的切

藍尾酒

白樂天元日對酒詩云三盃藍尾酒一楪膠牙餳又云老過占他藍尾酒病餘收得到頭身歲盞後推藍尾酒春盤先勸膠牙餳荆楚歲時記云膠牙者取其堅固如膠也而藍尾之義殊不可曉河東記載申屠澄與路傍茅舍中老父嫗

及處女環火而坐嫗自外挈酒壺至曰以君冒寒且進一盃澄因揖遜曰始自主人翁即巡潑當婪尾盖以藍爲婪當婪尾者謂最在後飲也葉少藴石林燕語云唐人言藍尾多不同藍字多作啉出於侯白酒律謂酒巡匝末坐者連飲三盃爲藍尾盖末坐遠酒行到常遲故連飲以慰之以啉爲貪婪之意或謂啉爲燣如鐵入火貴其出色此尤無稽則唐人自不能曉此義葉之説如此予謂不然白公三盃之句只爲酒之

巡數耳安有連飲者哉侯白滑稽之語見於啓顔録唐藝文志白有啓顔録十卷雜語五卷不聞有酒律之書也蘇鶚演義亦引其説

歐陽公辭官

歐陽公自亳州除兵部尚書知青州辭免至四云恩典超優遷轉頻數臣近自去春由吏部侍郎轉左丞未踰兩月又超轉三資除刑部尚書今纔踰歲又超轉兩資尚書六曹一歲之間超轉其五累降詔不從其請此是熙寧元年未敗

官制時今人多不能曉蓋昔者左右丞在尚書
下所謂左丞超三資除刑書者謂歷工禮乃至
刑也下云又超兩資者謂歷戶部乃至兵也其
上唯有吏部故言尚書六曹超轉其五云

南北語音不同

南北語音之異至於不能相通故器物花木之
屬雖人所常用固有不識者如毛鄭釋詩以梅
爲柟竹爲王芻簍爲翹翹之草是矣顏師古注
漢書亦然淮南王安諫武帝伐越書曰輿轎而

隃領服虔曰轎音橋謂隘道輿車也臣瓚曰今竹輿車也江表作竹輿以行項昭曰陵絶水曰轎音旗廟反師古曰服音瓚説是也項氏謬矣此直言以轎過領耳何云陵絶水乎旗廟之音無所依據又武帝紀戈船將軍張晏曰越人於水中負人船又有蛟龍之害故置戈於船下因以爲名瓚曰伍子胥書有戈船以載干戈因謂之戈船也師古曰以樓船之例言之則非爲載干戈也此蓋船下安戈戟以禦蛟鼉水蟲之害

張説近之二説皆爲三劉所破云今南方竹輿正作旗廟音項亦未爲全非顔乃西北人隨其方言遂音橋又云船下安戈戟既難厝置又不可以行且今造舟船甚多未嘗有置戈者顔北人不知行船項説是也予謂項音轎字是也而云陵絶水則謬故劉公以爲未可全非張晏云越人於水中負船尤可笑

南舟北帳

頊在豫章遇一遼州僧於上藍與之閒談曰南

人不信北方有千人之帳北人不信南人有萬斛之舡蓋土俗然也法苑珠林云山中人不信有魚大如木海上人不信有木大如魚胡人見錦不信有蟲食樹吐絲所成吴人身在江南不信有千人氊帳及來河北不信有二萬碩船遼僧之談合於此

魏冉罪大

自漢以來議者謂秦之亡由商鞅李斯鞅更變法令使民不見德斯焚燒詩書欲人不知古其

事固然矣予觀秦所以得罪於天下後世皆自挾詐失信故耳其始也以商於六百里啖楚絶齊繼約楚懷王入武關辱爲藩臣竟留之至死及其喪歸楚人皆憐之如悲親戚諸侯由是不直秦未及百年三戶亡秦之語遂驗而爲此謀者張儀魏冉也儀之惡不待言而冉之計頗隱故不爲士君子所誅當秦武王薨諸弟爭立唯冉力能立昭王冉者昭王母宣太后之弟也昭王少太后自治事任冉爲政威震秦國才六年而

詐留楚王又怒其立太子復取十六城是時年不過十餘歲爲此者必冉也後冉爲范雎所間而廢逐司馬公以爲冉援立昭王除其災害使諸侯稽首而事秦秦益彊大者冉之功也蓋公不細考之云又嘗請趙王會澠池處心積慮亦與詐楚同賴藺相如折之是以無所成不然與楚等耳冉區區匹夫之見徒能爲秦一時之功而貽秦不義不信之名萬世不滅者冉之罪誠大矣

辯秦少游義倡

夷堅巳志載潭州義倡事謂秦少游南遷過潭與之往來後倡竟爲秦死常州教授鍾將之得其說於李結次山爲作傳予反復思之定無此事當時失於審訂然悔之不及矣秦將赴杭倅時有妾邊朝華既而以妨其學道割愛去之未幾罹黨禍豈復眷戀一倡女哉予記國史所書温益知潭州當紹聖中逐臣在其巡內若范忠宣劉仲馮韓川原伯呂希純子進呂陶元鈞皆

爲所侵困鄒公南遷過潭暮投宿村寺益即時遣州都監將數卒夜出城逼使登舟竟凌風絶江去幾於覆舟以是觀之豈肯容少游欵昵累日此不待辯而明巳志之失著矣

姓源韻譜

姓氏之書大抵多謬誤如唐正觀氏族志今巳亡其本元和姓纂誕妄最多國朝所修姓源韻譜尤爲可笑姑以洪氏一項考之云五代時有洪昌洪杲皆爲參知政事予按二人乃五代南

漢僭主劉龑之子及晟嗣位用爲知政事其兄弟本連弘字以本朝國諱故五代史追改之元非姓洪氏也此與洪慶善序丹陽弘氏云有弘憲者元和四年嘗跋輞川圖不知弘憲乃李吉甫之字耳其誤正同三筆已載此説

譽人過實

稱譽人過實最爲作文章者之疵病班孟堅尚不能免如薦謝夷吾一書予蓋論之於三筆矣柳子厚復杜溫夫書云三辱生書書皆逾千言

抵吾必曰周孔周孔安可當也語人必於其倫生來柳州見一刺史即周孔之令而去我道連而謁於潮又得二周孔去之京師京師顯人爲文詞立聲名以千數又宜得周孔千百何吾生胸中擾擾焉多周孔哉是時劉夢得在連韓退之在潮故子厚云然此文人人能誦然今之好爲詆者固自若也予表出之以爲子孫戒張説賀魏元忠衣紫曰公居伊周之任即爲二張所譏幾於隕命此但形於話言之閒耳

作文句法

作文旨意句法固有規倣前人而音節鏗亮不嫌於同者如前漢書贊云豎牛奔仲叔孫卒郈伯毁季昭公逐費忌納女楚建走宰嚭譖胥夫差喪李園進妹春申斃上官訴屈懷王執趙高敗斯二世縊伊戾坎盟宋痤死江充造蠱太子殺息夫作姦東平誅新唐書効之云三宰嘯凶牝奪辰林甫將薦黄屋奔鬼質敗謀興元蹙崔柳倒持李宗覆劉夢得因論儆舟篇云越子滕

行吳君忽晉宣尸居魏臣怠白公厲劒子西哂李園養士春申易亦効班史語也然其模範本自荀子成相篇

書簡循習

近代士人相承於書尺語言淩涉奇猥雖有賢識不能自改如小簡問委自言所在必求新異之名予守贛時屬縣興國宰詒書云瀲水有驅策乞疏下瀲水者彼邑一水耳郡中未嘗知此不足以爲工當言下邑屬邑足矣爲縣丞者無

不采藍田壁記語云貟丞某處哦松無補涉筆承乏皆厭爛陳言至稱丞曰藍田殊爲可笑初赴州郡與人書必言前政頽靡倉庫匱乏未知所以善後沿習一律正使眞如所陳讀者亦不之信予到當塗日謝執政書云郡雖小而事簡庫錢倉粟自可枝梧得坐嘯道院誠爲至幸周益公荅云從前得外郡太守書未有不以窘冗爲詞獨創見來緘如此蓋覺其與它異也此兩者皆狃熟成俗故紀述以戒子弟輩

健訟之誤

破句讀書之誤根着于人殆不可復正在易彖之下先釋卦義然後承以本名者凡八卦蒙卦曰蒙山下有險險而止蒙以止字爲句絶乃及於蒙始係以蒙亨以亨行訟卦曰訟上剛下險險而健訟以健字爲句絶乃及於訟始係以訟有孚豫卦剛應而志行順以動豫隨卦剛來而下柔動而説隨蠱卦剛上而柔下巽而止蠱恒卦巽而動剛柔皆應恒解卦解險以動動而免

乎險解井卦巽乎水而上水井皆是卦名之上爲句絶而童蒙入學之初其師點句輒混於上遂以健訟相連此下說隨二字尚爲有說若止蒙動豫之類將如之何凡謂頑民好訟者曰嚚訟曰終訟可也黄魯直江西道院賦云細民險而健以終訟爲能飾獨不嚚於訟是已同人卦柔得中而應乎乾曰同人同人曰同人于野亨据其文義正與諸卦同但多下一曰字王弼以爲乾之所行故特曰同人曰程伊川以爲衍三

字恐不然也

用史語之失

今之牽引史語者亦未免有失張釋之言便宜事文帝曰卑之毋甚高論令今可行也遂言秦漢之間事帝稱善顔師古云令其議論依附時事予謂不欲使爲甚高難行之論故令少卑之爾而今之語者直以言議不足采爲無甚高論又文帝問上林令禽獸簿不能對虎圈嗇夫從旁代對帝曰吏不當如此邪薛廣德諫元帝御

樓船曰宜從橋且有血汗車輪之訏張猛曰乘船危就橋安上曰曉人不當如是邪師古謂諫爭之言當如猛之詳婉也按兩帝之語皆是褒嘉之詞猶云獨不當如是乎令乃指人引喻非理哉直述其私曰曉人不當如是又韓公送諸葛覺往徐州讀書詩云鄴侯家多書插架三萬軸一一懸牙籤新若手未觸爲人強記覽過眼不再讀偉哉群聖文磊落載其腹鄴侯蓋謂李繁時爲隨州刺史蔵書既多且記性警敏故籤

軸嚴整如是今人或指言雖名爲收書而未嘗過目者輒曰新君手未觸亦非也

文字書簡謹日

作文字紀月日當以實言若拘拘然必以節序則爲牽強乃似麻沙書坊桃源居士輩所跋耳至於往還書問不可不繫日而性率者一切不書予有婿生子遣報云今日巳時得一子更不知爲何日或又失之好奇外姻孫愚臣毎致書必題其後曰某節至云小暑前一日驚蟄前兩

日之類文惠公嘗笑云肴孫畢臣書須著置曆日於案上蓋自元正人日三元上巳中秋端午七夕重九除夕外雖寒食冬至亦當謹識之況於小小氣候後生宜戒

更衣

雅志堂後小室名之曰更衣以爲姻賓憩息地稚子數請所出因録班史語示之灌夫傳坐乃起更衣顔注更改也凡久坐者皆起更衣以其寒暖或變也田延年起至更衣顔注古者延賓

必有更衣之處，衛皇后傳帝起更衣，子夫侍尚衣。

容齋四筆卷第九

容齋四筆卷之十　十七則

過所

刑統衛禁律云不應度關而給過所若冐名請過所而度者又云以過所與人又關津疏議關謂判過所之處津直度人不判過所釋名曰過所至關津以示之或曰傳傳轉也轉移所在識以爲信漢文帝十二年除關無用傳張晏曰傳信也若今過所也兩行書繒帛分持其一出入關合之乃得過謂之傳也魏志倉慈爲敦煌太

守西域雜胡欲詣洛者爲封過所廷尉決事曰廣平趙禮詣雒治病門人齎過所詣洛陽責禮冒名渡津受一歲半刑徐鉉稽神録道士張謹好符法客遊華陰得二奴曰德兒歸寶謹愿可憑信張東行凡書囊符法過所衣服皆付歸寶負之將及關二奴忽不見所齎之物皆失之矣時秦隴用兵關禁嚴急客行無驗皆見刑戮旣不敢東度復還主人乃見二兒因擲過所還之然過所二字讀者多不曉盖若今時公憑引據

之類故哀其事于此

露布

用兵獲勝則上其功狀於朝謂之露布今博學宏詞科以爲一題雖自魏晉以來有之然竟不知所出唯劉勰文心雕龍云露布者盖露板不封布諸觀聽也唐莊宗爲晉王時擒滅劉守光命掌書記王緘草露布緘不知故事書之於布遣人曳之爲議者所笑然亦有所從來魏高祖南伐長史韓顯宗與齊戍將力戰斬其裨將高

祖曰卿何爲不作露布對曰頃聞將軍王肅獲賊二三人驢馬數匹皆爲露布私每哂之近雖得摧醜虜擒斬不多脫復高曳長縑虛張功捷尤而効之其罪彌甚臣所以斂毫卷帛解上而已以是而言則用絹高懸久矣

東坡題潭帖

潭州石刻法帖十卷盖錢希白所鐫最爲善本吾鄉程欽之待詔以元符三年帥桂林東坡自儋耳移合浦得觀其藏帖每帖各題其末第二

卷云唐太宗作詩至多亦有徐庾風氣而世不傳獨於初學記時時見之第四卷云吳道子始見張僧繇畫曰浪得名耳已而坐卧其下三日不能去庾征西初不服逸少有家雞野鶩之論後乃以爲伯英再生今觀其書乃不逮子敬遠甚正可比羊欣耳第六卷云宰相安和般生無恙宰相當是簡文帝般生則淵源也邪第八卷云希白作字自有江左風味故長沙法帖比淳化待詔所摹爲勝世俗不察爭訪閣下本誤矣

此逸少一卷尤妙庚辰七夕合浦官舍借觀第九卷云謝安問獻之君書何如尊公答曰故自不同安曰外人不爾曰人那得知巳上所書今麻沙所刋大全集志林中或有之案庾亮及弟翼俱爲征西將軍坡所引者翼也坡又有詩曰暮年郄得庾安西自厭家雞題六紙蓋指翼前所歷官云此帖今藏予家

山公啓事

晉書山濤傳濤再居選職十有餘年每一官缺

輒啓擬數人詔旨有所向然後顯奏隨帝意所
欲爲先故帝之所用或非舉首衆情不察以濤
輕重任意或譖之於帝濤行之自若一年之後
衆情乃寢濤所奏甄拔人物各爲題目時稱山
公啓事此語今多引用然不得其式法帖中乃
有之云侍中尚書僕射奉車都尉新沓伯臣濤
言臣近啓崔諒史曜陳准可補吏部郎詔書可
爾此三人皆衆所稱諒尤質止少華可以崇教
雖大化未可倉卒風尚所勸爲益者多臣以爲

宜先用諒謹隨事以聞觀此一帖可以槩見然所啓三人後亦無聞旣云皆衆所稱當不碌碌也舊潭帖爲識者稱許以爲賢於他本然於此奏未可倉卒之下乃云風筆惻然全無意義今所錄者臨江本也

親王回庶官書

隨筆中載親王與侍從往還禮數又得錢丕行年雜紀云昇王受恩命丕是時爲將作少監亦投賀狀王降回書簽子啓頭繼爲皇太子三司

判官並通牓子詣内東門參賀通入後中貴出傳令旨傳語及受冊寶訖百官班賀又赴東宫賀宰相親王階下班定太子降階宰相前拜致詞訖又拜太子皆答拜亦致詞叙謝一時之儀如此

責降考試官

天禧二年九月勑差屯田員外郎判度支計院任布著作郎直史館徐奭太子中允直集賢院麻温其並充開封府發解官十月差兵部員外

郎直集賢院楊侃太子中允直集賢院丁度並國子監發解官十一月解一百四人解元郭稹十六日宣翰林學士錢惟演盛度樞密直學士王晦叔龍圖閣待制李虛巳李行簡覆考開封舉人爲落解舉人有訟不平者及奏名郭稹依舊其餘覆落并却考上人數甚多十二月發解官並降差遣任布鄧州徐奭洪州楊侃江州丁度齊州並監稅此事見於錢丕雜紀用五侍從覆考解試前後未之有也

青蓮居士

李太白贈玉泉仙人掌茶詩序云：荆州玉泉寺近清溪諸山，往往有乳窟，其水邊處處有茗草羅生，枝葉如碧玉，唯玉泉眞公常采而飲之。余遊金陵，見宗僧中孚示予茶數十片，其狀如手，名爲仙人掌茶，蓋新出乎玉泉之山，曠古未覿，因持以見遺，兼贈詩，要予答之，遂有此作。後之高僧大隱，知仙人掌茶發乎中孚禪子及青蓮居士李白也。太白之稱，但有謫仙人爾，青蓮居

土獨於此見之文人未嘗引用而仙人掌茶今池州九華山中亦頗有之其狀畧如蕨拳也

閩俗詭祕殺人

姦凶之民恃富逞力處心積慮果於殺人然揆之以法蓋有勑律所不曾登載善治惡者當原情定罪必致其誅可也閩中習俗尤甚每執縛其仇窮肆殘虐或以酒調鋸屑逼之使飲欲其粘着肺腑不能傳化馴致痰渴之疾或炒沙鎔蠟灌注耳中令其聾聵或以濕薦束體布累卵

石痛加毆箠而外無痕傷或按擦肩背使皮膚寬皺乃施針刺入肩井不可復出或以小釣鈎藏於鰍魚之腹強使吞之攻鑽五臟久而必死凡此■者類非一端既痕腫不露於外撿驗不得而見情犯巨蠹功意兩惡而法所不言顏度魯子爲轉運使嘗揭榜禁約子守建寧亦窮治一兩事吳楚閒士大夫宦游於彼者不可不察也

富公遷官

富韓公慶曆二年以右正言知制誥報聘契丹還除吏部郎中樞密直學士不受尋除翰林學士又不受三年除右諫議大夫樞密副使力辭乃改資政殿學士而諫議如初公受之又五月復爲副樞蓋昔時除目才下即時命詞給告及其改命但不拜執政而猶得所進官用今日官制言之是承議郎（舊爲正言）中書舍人（舊知制誥）而爲太中大夫（舊爲諫議）資政殿學士也

唐藩鎮行墨勑

池州銅陵縣孚貺侯廟有唐中和二年二月一碑其詞云勑宜歙池等州都團練觀察使牒當道先准詔旨許行墨勑授管内諸州有功刺史大將等憲官具件如後晉朝故晉陽太守兼揚州長史張寬牒奉處分當道先准詔旨許行墨勑奬勸功勳雖幽顯不同而褒昇一致神久標奇絶早揖英風靈跡屢彰神遠不昧夫寵贈之典非列藩宜爲神功既昭乃軍都顯請是行權制用副人心謹議褒贈游擊將軍宣州都督後

云使撿校工部尚書兼御史大夫裴抑邑人以爲裴休秋浦志亦然予考之非也張魏公宣撫川陜便宜封爵諸神實本諸此

吏部循資格

唐開元十八年四月以侍中裴光庭兼吏部尚書先是選司注官惟視其人之能否或不次超遷或老於下位有出身二十餘年不得祿者又州縣亦無等級或自大入小或初近後遠皆無定制光庭始奏用循資格各以罷官若干選而

集官高者選少卑者選多無問能否選滿則注
限年躡級毋得踰越非負譴者皆有陞無降其
庸愚沉滯者皆喜謂之聖書而材俊之士無不
怨嘆宋璟爭之不能得二十一年光庭薨博士
孫琬議光庭用循資格失勸奬之道請謚曰克
是年六月制自今選人有才業操行委吏部臨
時擢用雖有此制而有司以循資格便於己猶
踵行之蓋今日吏部四選乃其法也予案元魏
肅宗神龜二年官員既少應選者多尚書李韶

銓注不行大致怨嗟崔亮代之奏爲格制不問士之賢愚專以停解月日爲斷沉滯者皆稱其能亮甥劉景安與書曰商周以鄉塾貢士兩漢由州郡薦材魏晉中正雖未盡美應什收六七而朝廷貢材止求其文不取其理察孝廉唯論章句不及治道立中正不考材行空辨姓氏舅屬當銓衡宜須改張易調反爲停年格以限之天下士子誰復修厲名行哉洛陽令薛琡上書言黎元命繫長吏若選曹惟取年勞不簡能否

義均行鴈次若貫魚執簿呼名一人足矣數人而用何謂銓衡乞令王公貴人薦賢以補郡縣詔公卿議之其後甄琛等繼亮利其便已踵而行之魏之選舉失人自亮始也至孝靜帝元象二年以高澄攝吏部尚書始改亮年勞之制銓擢賢能當是自此一變光庭又祖亮故智云然後人罕有談亮澄事者

五行納音

六十甲子納音之說術家多不能曉原其所以

得名皆從五音所生有條不紊端如貫珠盖甲子爲首而五音始於宮宮土生金故甲子爲金而乙丑以陰從陽商金生水故丙子爲水而丁丑從之角木生火故戊子爲火徵火生土故庚子爲土羽水生木故壬子爲木而巳丑辛丑癸丑各從之至於甲寅則納音起於商商金生水故甲寅爲水角木生火故丙寅爲火徵火生土故戊寅爲土羽水生木故庚寅爲木宮土生金故壬寅爲金而五卯各從之至甲辰則納音起

於角角木生火故甲辰爲火徵火生土故丙辰爲土羽水生木故戊辰爲木宫土生金故庚辰爲金商金生水故壬辰爲水而五巳各從之宫商角既然惟徵羽不得居首於是甲午復如甲子甲申如甲寅甲戌如甲辰而五未五酉五亥亦各從其類

五行化眞

五行運化如甲巳化眞土之類若推求其義無從可得蓋只以五虎元所生命之如甲巳之年

丙作首謂丙寅月建也丙屬火火生土故甲巳化眞土乙庚之歲戊爲頭謂戊寅月建也戊屬土土生金故乙庚化眞金丙辛寄向庚寅去庚屬金金生水故丙辛化眞水丁壬壬位順行流壬屬水水生木故丁壬化眞木戊癸但向甲寅求甲屬木木生火故戊癸化眞火此二說皆得之莆田鄭景實頃在舘中見魏幾道談五行納音亦然

錢忠懿判語

王順伯家有錢忠懿一判語其狀云臣贊寧右臣伏奉宣旨撰文疏令進呈乞給下取設齋日五更前上塔臣自宣却欲重建乞於仁政殿前夜開化却不然便向塔前化並取聖旨判曰便要吾人宣讀後於真身塔前焚化二十七日而在前花押予謂錢氏固嘗三改元但或言其稱帝則否也此狀內進呈聖旨等語蓋類西河之人擬子夏於夫子故自貽僭帝之議想它所施行皆然矣

王逸少爲藝所累

王逸少在東晉時蓋溫太眞蔡謨謝安石一等人也直以抗懷物外不爲人役故功名成就無一可言而其操履識見議論閎卓當世亦少其比公卿愛其才器頻召不就殷淵源輔政勸使應命遺之書曰足下出處正與隆替對豈可以一世之存亡必從足下從容之適逸少報曰吾素自無廊廟王丞相欲内吾誓不許之手跡猶存出來尚矣不於足下參政而方進退自兒娶

女嫁便懷尚子平之志數與親知言之非一日也及殷侯將北伐以爲必敗貽書止之殷敗後復圖再舉又遺書曰以區區江左所營綜如此天下寒心久矣自寇亂以來處內外之任者疲竭根本各從所志竟無一功可論一事可紀任其事者豈得辭四海之責哉若猶以前事爲未工故復求之於分外宇宙雖廣何所自容又與會稽王牋曰今雖有可欣之會內求諸已而所憂乃重於所欣以區區吳越經緯天下十分之

九不亡何待願令諸軍皆還保淮須根立勢舉誅之未晚其識慮精深如是其至恨不見於用耳而爲書名所蓋後世但以翰墨稱之晉書本贊標爲唐太宗御撰專頌其研精篆素盡善盡美至有心慕手追之語畧無一詞論其平生則一藝之工爲累大矣獻之立志亦似其父謝安欲使題太極殿榜以爲萬代寶而難言之試及韋仲將凌雲榜事即正色曰使其若此有以知魏德之不長遂不之逼觀此一節可以知其爲

人而亦以書名之故沒其盛德二王尚爾況於他人乎

鄂州南樓磨崖

慶元元年鄂州修南樓剗土有大石露于外奇崛可觀郡守吳琚見而愛之命洗剔出圭角即而諦視乃磨崖二碑其一刻兩字上曰栁徑二尺四寸筆勢清勁下若翻書人字唯存人脚不可復辨或以爲符或以爲花押邦人至標餙置神堂香火供事或云道州學側虞帝廟内亦有

之云椰君名應辰是唐末五代時湖北人也其一高丈一尺闊如其高而加五寸刻大字八十五凡爲九行其文曰乾正元年荆襄寇亂大吳將軍出陳武昌詔太守楊公出鎮後云荆江京漢推忠輔國侍衛將軍吳居中記案楊行密之子溥嗣吳王位是歲唐明宗天成二年溥以十一月僭帝改元乾貞宋莒公紀年通譜書爲乾正云避仁宗嫌名通鑑亦同而此直以爲乾正一時所立不應有誤也

賞魚袋出處

隨筆書衡山唐碑别駕賞魚袋云名不可曉今按唐職林魚帶門敘金玉銀鐵帶及金銀魚袋云開元勑非灼然有戰功者餘不得輙賞魚袋斯明文也

容齋四筆卷第十一　十八則

京丞相轉官

慶元二年朝廷奉上三宮徽稱冊寶繼又進勑令玉牒實録大臣遷秩于再于三蓋自崇寧至于紹熙未之有也於是京右丞相以十月受冊寶賞由正議轉宣奉十二月用勑局賞當得兩官以一回授一轉光禄三年二月用提舉玉牒實録院及禮儀使賞有旨三項各轉兩官辭之至四五詔減爲四官其半回授其二遂轉金

紫四月之間陟五華資仍回授三帙在法寺執
轉官與除拜同故得給使恩百二十年而入流
者二十有四邁記淳熙十四年王左相進玉牒
并充國史禮儀使梁右相進四朝史傳國朝會
要并充玉牒禮儀使詔各與轉兩官所謂各者
指二相也時梁公誤認爲三者各兩官已係特
進謂如此則序進太師矣中批只共爲兩官復
辭之詔許回授又辭但令加恩亦辭適已罷相
在經筵訖於分毫不受唯王公獨加恩今日之

事全相類而又已有去冬二賞矣有司不諳練故實徑準昔年中旨行出閩京公殊不自安然無說可免惜乎東閣賢賓客不告以十年内親的故事以成其美邁頃居翰苑荅王梁諸詔嘗上章開析論列是以竊識其詳

熙寧司農牟利

熙寧元豐中聚斂之臣專務以利爲國司農遂粥天下祠廟官既得錢聽民爲賈區廟中慢侮穢踐無所不至南京有閼伯微子兩廟一歲所

得不過七八千張文定公判應天府上言曰宋王業所基也而以火王閼伯封於商丘以主大火微子爲宋始封此二祠者獨不可免乎乞以公使庫錢代其歲入

神宗震怒批出曰慢神辱國無甚於斯於是天下祠廟皆得不鬻又有議前代帝王陵寢許民請射耕墾司農可之唐之諸陵因此悉見芟刈昭陵喬木翦伐無遺御史中丞鄧潤甫言熙寧著令本禁樵采遇郊祀則勑吏致祭德意可謂

遠矣小人掊克不顧大體使其所得不貲猶爲不可況至爲淺鮮者哉願紬創議之人而一切如故於是未耕之地僅得免二者可謂前古未有一日萬幾蓋無由盡知之也

文與可樂府

今人但能知文與可之竹石惟東坡公稱其詩騷又表出美人却扇坐羞落庭下花之句予常恨不見其全比得蜀本石室先生丹淵集蓋其遺文也於樂府雜詠有秦王卷衣篇曰咸陽秦

王家宮闕明曉霞丹文映碧鏤光采相鈎加銅螭逐銀猊壓屋驚蟠拏洞戶鎖日月其中光景賖春風動珠箔鸞額金窠斜美人卻扇坐羞落庭下花閒弄玉指環輕氷扼紅牙君王顧之笑爲駐七寳車自卷金縷衣龍鸞蔚紛葩持以贈所愛結懽期無涯其語意深入騷人閫域又有王昭君三絶句云絶艶生殊域芳年入内庭誰知金屋寵只是信丹青幾歳後宮塵今朝絶國春君王重恩信不欲遺他人極目胡沙滿傷心

漢月圓一生埋沒恨長入四條絃令人讀之縹縹然感慨無已也

譏議遷史

大儒立言著論要當使後人無復擬議乃爲至當如王氏中説謂陳壽有志於史依大議而削異端使壽不美於史遷固之罪也又曰史之失自遷固始也記繁而志寡王氏之意直以壽之書過於漢史矣豈其然乎元經續詩書猶有存者不知能出遷固之右乎蘇子由作古史謂太

史公易編年之法爲本紀世家列傳後世莫能易之然其人淺近而不學踈略而輕信故因遷之舊别爲古史今其書固在果能盡矯前人之失乎指司馬子長爲淺近不學貶之已甚後之學者不敢謂然

常何

唐太宗正觀五年以旱詔文武官極言得失時馬周客遊長安舍於中郎將常何之家何武人不學不知所言周代之陳便宜二十餘條上怪

其能以問何對曰此非臣所能家客馬周爲臣具草耳上即召周與語甚悦以何爲知人賜絹三百匹常何後亦不顯莫知其所以進予案李密傳密從翟讓與張須陁戰率驍勇常何等二十人爲游騎遂殺須陁常何之名蓋見於此唐史亦采於劉仁軌行年河洛記也

李密詩

李密在隋大業中從楊玄感起兵被獲以計得脱變姓名爲劉智遠教授諸生自給鬱鬱不得

志哀吟泣下唐史所書如此劉仁軌行年河洛記專載密事云密徃來諸賊帥之閒說以舉大計莫肯從者因作詩言志曰金風蕩初節玉露垂晚林此夕窮途士鬱陶傷寸心平野葭葦合荒村藜藿深眺聽良多感徙倚獨沾襟沾襟何所爲悵然懷古意秦洛既未平漢道將何冀樊噲市井屠蕭何刀筆吏一朝逢時會千載傳名謚寄言世上雄虛生眞可愧諸將見詩漸敬之予意此篇正其哀吟中所作也

寺監主簿

自元豐官制行九寺五監各置主簿專以掌鈎考簿書爲職它不得預紹聖初韓粹彦爲光禄主簿自言今輙預寺事非先帝意也請如元豐詔書從之如玉牒修書主簿不預見於王定國舊録予猶及見紹興中太府寺公狀文移惟卿丞繫銜後來掌故之吏昧於典章遂一切與丞等今百官庶府皆戾官制非特此一事也

温大雅兄弟名字

新唐書温大雅字彦弘弟彦博字大臨大有字彦將舊史不載彦博字它皆同三温兄弟也而兩人以大爲名彦爲字一以彦爲名大爲字宰相世系表則云彦將字大有而博雅與傳同讀者往往致疑歐陽公集古録引顔思魯制中書舍人彦將行證表爲是然則惟彦博異耳故或以爲誤予少時因文惠公得歐率更所書虞恭公誌銘乃彦博也其名字實然後見大唐創業起居注大雅所撰其中云煬帝遣使夜至太原

温彥將宿於城西門樓上首先見之報兄彥弘馳以啓帝帝方卧闥而驚起執彥弘手而笑据此則三温之名皆從彥而此書首題乃云大雅奉勅撰不應於其間敢自稱字已而詳攷之高宗太子弘爲武后所酖追尊爲孝敬皇帝廟曰義宗列於太廟故諱其名如弘文館攺爲昭文弘農縣攺爲恒農徐弘敏攺爲有功常弘機但爲機李含光本姓弘以爲李曲阿弘氏易爲洪則大雅之名後人追攺之也顔魯公作顔勤禮

碑敘顔温二家之盛曰思魯大雅愍楚彦博遊秦彦將以雅爲名亦由避諱耳錢聞詩在太學以此爲策問而言歐陽作傳戾於聞見彼蓋不察宋子京之作云

冊府元龜

真宗初命儒臣編修君臣事迹後謂輔臣曰昨見宴享門中録唐中宗宴飲韋庶人等預會和詩與臣寮馬上口摘含桃事皆非禮也巳令削之又曰所編事迹蓋欲垂爲典法異端小説咸

所不取可謂盡善而編修官上言近代臣僚自述揚歷之事如李德裕文武兩朝獻替記李石開成承詔録韓偓金鑾密記之類又有子孫追述先德敘家世如李繁鄴侯傳柳氏序訓魏公家傳之類或隱己之惡或攘人之善並多溢美故匪信書并僭僞諸國各有著撰如僞吳録孟知祥實録之類自矜本國事或近誣其上件書並欲不取餘有三十國春秋河洛記壺關録之類多是正史已有秦記燕書之類出自僞邦商

芸小說談藪之類俱是談諧小事河南志郊志
平剡錄之類多是故吏賓從述本府戎帥征伐
之功傷於煩碎西京雜記明皇雜錄事多語怪
奉天錄尤是虛詞盡議采收恐成蕪穢並從之
及書成賜名冊府元龜首尾十年皆王欽若提
總凡一千卷其所遺弃既多故亦不能暴白如
資治通鑑則不然以唐朝一代言之叙王世充
李密事用河洛記魏鄭公諫爭用諫錄李絳議
奏用李司空論事睢陽事用張中丞傳淮西事

用涼公平蔡録李泌事用鄴侯家傳李德裕太原澤潞回鶻事用兩朝獻替記大中吐蕃尚婢婢等事用林恩後史補韓偓鳳翔謀畫用金鑾密記平龐勛用彭門記亂討裘甫用平剡録記畢師鐸吕用之事用廣陵妖亂志皆本末粲然然則雜史瑣説家傳豈可盡廢也

漢高帝祖稱豐公

前漢書高祖紀贊云劉氏自秦獲於魏秦滅魏遷大梁都于豐故周市説雍齒曰豐故梁徙也

是以頌高祖云漢帝本系出自唐帝降及于周在秦作劉涉魏而東遂爲豐公豐公蓋太上皇父案上六句皆韻語不知何人作此頌諸家注釋大氐闕如予自少時讀班史今六七十年何啻百遍用朱點句亦須十本初不記憶高帝之祖稱豐公比再閱之恍然若眛平生聊表見於此舊書不厭百回讀信哉

樞密行香

唐世樞密使專以內侍爲之與宅使均稱內諸

司五代以來始參用士大夫遂同執政案實録所載景德二年三月元德皇后忌中書樞密院文武百官並赴相國寺行香初樞密院言舊例國忌行香惟樞密使副依内諸司例不赴恐有虧恭恪今欲每遇大忌日與中書門下同赴行香從之樞密使副翰林樞密直學士並赴自兹始也然則樞密之同内諸司久矣隆興以來定朝臣四參之儀自宰臣至于郎官御史皆班列殿庭拜舞惟樞密立殿上不預亦此意云

船名三翼

文選張景陽七命曰浮三翼戲中沚其事出越絶書李善注頗言其略蓋戰船也其書云闔閭見子胥問船運之備對曰船名大翼小翼突冒樓船橋船大翼者當陵軍之車小翼者當陵軍之輕車又水戰兵法内經曰大翼一艘廣一丈五尺三寸長十丈中翼一艘廣一丈三尺五寸長九丈小翼一艘廣一丈二尺長五丈六尺大抵皆巨戰船而昔之詩人乃以爲輕舟梁元帝

云日華三翼舸又云三翼自相追張正見云三翼木蘭船元徽之云光陰三翼過其它亦鮮用之者

東坡誨葛延之

江陰葛延之元符間自鄉縣不遠萬里省蘇公於儋耳公留之一月葛請作文之法誨之曰儋州雖數百家之聚而州人之所須取之市而足然不可徒得也必有一物以攝之然後爲已用所謂一物者錢是也作文亦然天下之事散在

經子史中不可徒使必得一物以攝之然後爲己用所謂一物者意是也不得錢不可以取物不得意不可以用事此作文之要也葛拜其言而書諸紳嘗以親製龜冠爲獻公受之而贈以詩曰南海神龜三千歲兆叶朋從生慶喜智能周物不周身未死人鑽七十二誰能用爾作小冠岣嶁耳孫創其製今君此去寧復來欲慰相思時整視今集中無[illegible]詩葛常之延之三從弟也嘗見其親筆

用書雲之誤

今人以冬至日爲書雲至用之於表啓中雖前輩或不細考然皆非也左氏傳僖公五年正月辛亥朔日南至公既視朔遂登觀臺以望而書禮也凡分至啓閉必書雲物爲備故也杜預注云周正月今十一月分春秋分也至冬夏至也啓者立春立夏閉者立秋立冬雲物者氣色災變也蓋四時凡八節其禮並同漢明帝永平二年春正月辛未宗祀光武畢登靈臺觀雲物大

可爲證而但讀左傳前兩三句故遂顓以指冬至云今太史局官毎至此八日則爲一狀若立春則曰風從艮位上來春分則曰風從震位上來它皆倣此只是定本元非據實起居注隨即修入顯爲文具蓋古之書雲意也

張鷟譏武后濫官

武后革命濫授人官故張鷟爲諺以譏之曰補闕連車載拾遺平斗量杷推侍御史腕脫校書郎唐新舊史亦載其語但泛言之案天授二年

二月以十道使所舉人石艾縣令王山輝等六十一人並授拾遺補闕懷州錄事參軍霍獻可等二十四人並授侍御史并州錄事參軍徐昕等二十四人授著作郎内黄縣尉崔宣道等二十三人授衛佐校書凡百三十二人同日而命試官自此始也其濫如此劉子玄傳武后詔九品以上陳得失子玄言君不虚授臣不虚受今群臣無功遭遇輙遷至都下有車載斗量杷推腕脫之諺正爲此設然只是自外官便除此四

職非所謂輒遷子玄之言失之矣

唐王府官猥下

唐自高宗以後諸王府官益輕惟開元二十三年加榮王以下官爵悉拜王府官屬浸又減省僅有一傳一友一長史亦但備員至與其府王不相見寶曆中瓊王府長史裴簡求具狀言諸王府本在宣平坊多年摧毁後付莊宅使收管遂爲公局每聖恩除授無處禮上王官爲衆所輕府既不存官同虛設伏乞賜官宅一區乃詔

賜延康坊宅予因閱九經字樣一書開成中唐玄度所纂其官階云朝議郎知沔王友充翰林待詔沔王名恂憲宗之子而以書吏爲友其餘可知矣文武宣昭四宗皆自藩王登大位剛明果斷爲史所稱蓋出於天性然非資於師友成就也

御史風聞

御史許風聞論事相承有此言而不究所從來以予考之蓋自晉宋以下如此齊沈約爲御史

中丞奏彈王源曰風聞東海王源蘇冕會要云故事御史臺無受詞訟之例有詞狀在門御史採狀有可彈者即略其姓名皆云風聞訪知其後疾惡公方者少遞相推倚通狀人頗壅滯開元十四年始定受事御史人知一日劾狀遂題告事人名乖自古風聞之義然則向之所行今日之短卷是也二字本見尉佗傳

唐御史遷轉定限

唐元和中御史中丞王播奏監察御史舊例在

任二十五月轉準具員不加令請仍舊其殿中侍御史舊十二月轉具員加至十八月令請減至十五月侍御史舊十月轉加至十三月令請減至十二月從之案唐世臺官雖職在抨彈然進退從違皆出宰相不若今之雄緊觀其遷敘定限可知矣國朝未改官制之前任監察滿四年而轉殿中又四年轉侍御史又四年解臺職始轉司封員外郎元豐五年以後陞沉迥別矣

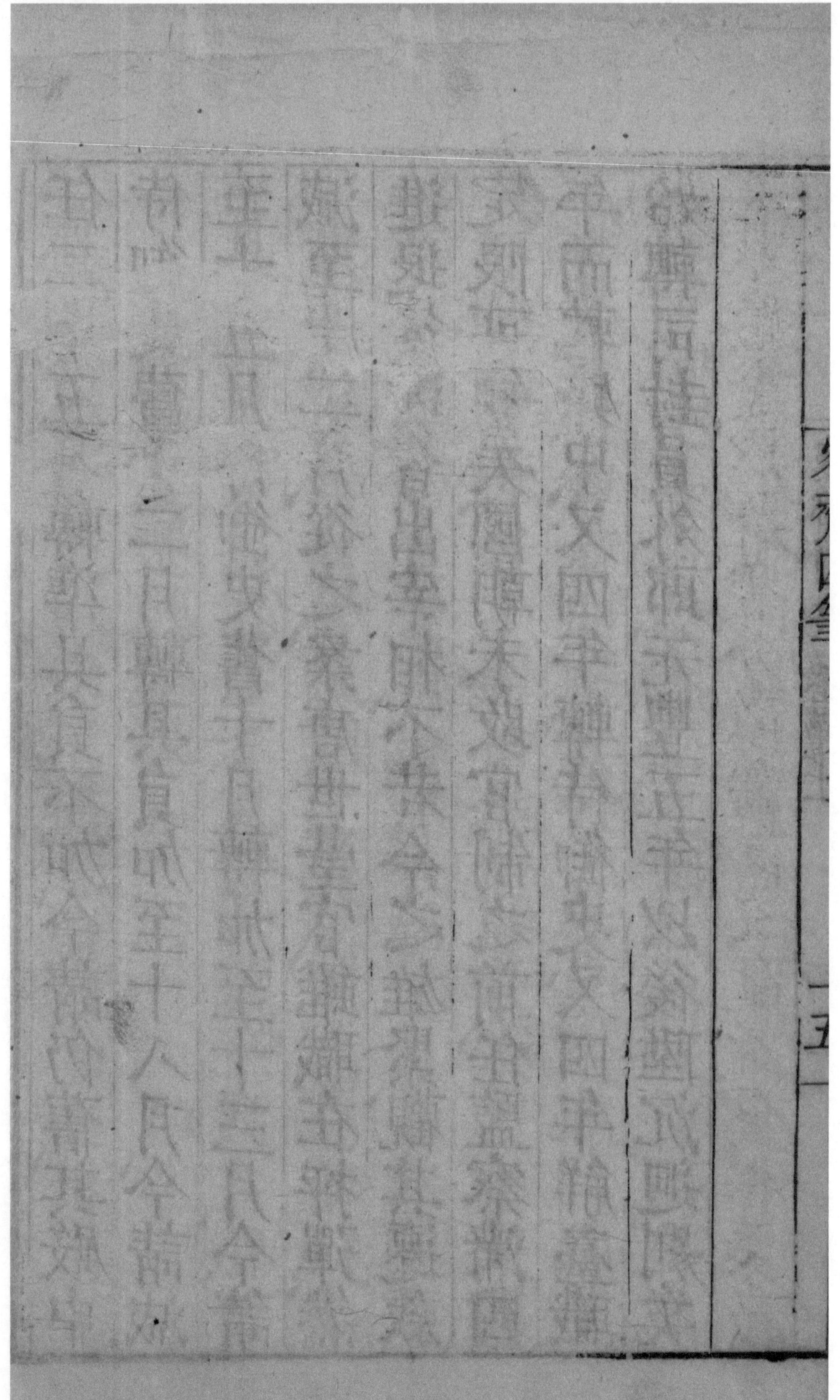

容齋四筆卷第十二　十三則

小學不講

古人八歲入小學教之六書周官保氏之職實掌斯事厥後浸廢蕭何著法太史試學童諷書九千字乃得爲吏以六體試之吏人上書字或不正輙有舉劾劉子政父子挍中祕書自史籀以下凡十家序爲小學次於六藝之末許叔重收集篆籀古文諸家之學就隸爲訓注謂之說文蔡伯喈以經義分散傳記交亂訛僞相蒙乃

請刊定五經備體刻石立于太學門外謂之石經後有呂忱又集說文之所漏略著字林五篇以補之唐制國子監置書學博士立說文石經字林之學舉其文義歲登下之而考功禮部課試貢舉許以所習爲通人苟趨便不求當否大曆十年司業張參纂成五經文字以類相從至開成中翰林待詔唐玄度又加九經字樣補參之所不載晉開運末祭酒田敏合二者爲一編並以考正俗體訛謬今之世不復詳考雖士大

夫作字亦不能悉如古法矣韓子曰凡爲文辭宜略識字又云阿買不識字頗知書八分安有不識字而能書蓋所謂識字者如上所云也予采張氏田氏之書擇令人所共昧者漫載於此以訓子孫本字從木一在其下今爲大十者非休字象人息於木陰加點者非美从羊从大今从犬从火者非匍字古者以車戰故軍从勹下車後相承作軍義無所取看字从手凡視物不審則以手遮目看之作看者非揚州取輕揚之

義从木者非梁从木作梁者非乾有千虔二音
爲字一體今俗分別作乹字音虔而乾音干者
非尊从酋下寸作尊者非奠从酋从丌作奠者
非夷从弓从大作夷者訛者从耂作老下目者
訛漆泰黍黎下並从水相承省作小今从小从
小者訛決沖況涼盜並从水作冫者訛饑飢二
字上穀不熟下餓也今多誤用至於果夠非之
加草岡加山攜之作擕鉏作鋤惡作悪霸作覇
筍作筭頷作頟髭須加髟或从水祕从禾簡作蕳

寶从尔趨从多衡合从角从大而从魚啓从又
及弋鼜从文徹从去麤作麁蟲作虫隋許規反
俗作隳又以爲惰憣作幡怪爲恠關爲鬬炙从
夕閒从日切从力兹合从二玄而作玆幷作并
靠从北姤从戶姦爲奸纛从毒各作夅寃上加
點鄰作隣牟从午互作㸦元从點舌从千蓋作
盖京作亰皷从日次从冫鼓从皮潛譖僭从替
出作二山覺从與游於以方爲才阜爲皂咼爲
咼匹爲疋收作収敘作叙臥从臣从人而以人

爲卜攺从戊巳之巳而以爲巳凡作凡允作幺館作舘覽作覧祭合从月从又而作祭瞻作瞻緜从衣繇从缶徧作遍徼作徺漾作漾琴瑟之弦从糸輕作輊如是者皆非也

主臣

漢文帝問陳平決獄錢穀平謝曰主臣史記漢書皆同張晏曰若今人謝曰惶恐也文穎曰惶恐之辭猶今言死罪也晉灼曰主擊也臣服也言其擊服皇恐之辭馬融龍虎賦曰勇怯見之

莫不主臣正用此意文選載梁任昉奏彈曹景宗先敘其罪然後繼之曰景宗即主臣仍繼之曰謹案其官臣景宗又彈劉整亦曰整即主臣齊沈約彈王源文亦然李善捨漢史所書而引王隱晉書庾純自劾以謂然以主爲句則臣當下[illegible]殊爲非是不知所謂其人即主有何義哉

景華御苑

崔德符坐元符上書邪黨困於崇寧後監洛南稻田務嘗送客於會節園是時冬暮梅花已開

明年春監修大内閹官容佐取以爲景華御苑德符不知也至春晚復騎瘦馬與老兵游園内坐梅下賦詩其詞曰去年白玉花結子深枝閒小憇籍清影低顰啄微酸故人不可見春事今巳闌繞樹尋屐跡空餘土花斑次日佐入園見地上馬糞知爲德符是時府官事佐如不及而德符未嘗詣之佐即具奏劾以擅入御苑作踐有旨勒停家素貧傳食於諸賢之舍久乃歸陽翟德符没於靖康官卑不應立傳予詳考本末

爲特書之頗憶此段事擬載於傳中以悼君子之不幸且知馬永卿懶真録中有之而求不可得漫紀于此

州陞府而不爲鎮

州郡之名莫重於府雖節鎮不及焉固未有稱府而不爲節度者比年以來陞蜀州爲崇慶府劒州爲隆慶府恭州爲重慶府嘉州爲嘉定府秀州爲嘉興府英州爲英德府蜀劒既有崇慶普安軍之額而恭嘉以下獨未然故幕職官仍

云其府軍事判官推官大與府不相稱皆有司之失也信陽軍一小壘耳而司戶參軍衘內帶兼節推尤爲可笑頃在中都時每爲天官主者言之云亦不必白朝廷只本案檢舉改正申知足矣乃曰久例如此竟相承到今文安公嘗爲左選侍郎是時未知此也

漢唐三君知子

英明之君見其子有材者必愛而稱之漢高祖謂趙王如意類已欲以易孝惠以大臣諫而止

宣帝以淮陽王欽壯大好經書法律聰達有材數嗟嘆曰眞我子也常有意欲立爲嗣而用太子起於微細且蚤失母故弗忍唐太宗以吳王恪英果類我欲以代雉奴其後如意爲呂母所戕恪爲長孫無忌所害欽陷張博之事殆於不免此三王行事無由表見然孝惠之仁弱幾遭呂氏之覆宗孝元之優柔不斷權移於閹寺漢業遂衰高宗之庸懦受制凶后爲李氏禍尤慘其不能繼述固已灼然高祖宣帝太宗蓋本三

子之材而言之，非專指其容貌也，可謂知子矣。彼明崇儼謂英王哲（即中宗也）貌類太宗，張説謂太宗畫像雅類忠王（即肅宗也），此惟取其形似也。若以材言之，中宗之視太宗，天壤相隔矣。漢成帝所幸妾曹宮產子，曰：我見額上有壯髮，類孝元皇帝。使其真是孝元，亦何足道，而況於嬰孺之狀邪。

當官營繕

元豐元年，范純粹自中書檢正官謫知徐州滕

縣一新公堂吏舍凡百一十有六間而寢室未治非嫌於奉已也曰吾力有所未暇而已是時新法正行御士大夫如束濕雖任二千石之重而一錢粒粟不敢輒用否則必著冊書東坡公歎其廉適爲徐守故爲作記其略曰至於宫室蓋有所從受而傳之無窮非獨以自養也今日不治後日之費必倍而比年以來所在務爲儉陋尤諱土木營造之功欹仄腐壞轉以相付不敢擅易一椽此何義也是記之出新進趨時之

七焆疾以惡之恭覽國史開寶二年二月詔曰一日必葺昔賢之能事如聞諸道藩鎮郡邑公宇及倉庫凡有隳壞弗即繕修因循歲時以至頽毀及僝工充役則倍增勞費自今節度觀察防禦團練使刺史知州通判等罷任其治所廨舍有無隳壞及所增修著以爲籍迭相符授幕職州縣官受代則對書於考課之曆損壞不全者殿一選修葺建置而不煩民者加一選太祖創業方十年而聖意下逮克勤小物一至於此

後之當官者不復留意以興仆植僵爲務則牆於事體不好稱人之善者往往翻指爲妄作名色盜隱官錢至於使之束手諱避忽視傾陋逮於不可柰何而後已殊不思貪墨之吏欲爲姦者無施不可何必假於營造一節乎

治曆明時

易革之彖曰天地革而四時成湯武革命順乎天而應乎人魏晉而降凡及禪代者必據以爲説案漢轅固與黃生爭論湯武於景帝前但評

受命之是非不引易爲證卦之象曰君子以治曆明時其義了不相涉偃孫頗留意曆學云按唐一行大衍曆日度議曰顓帝歷上元甲寅正月甲寅晨初合朔立春七曜皆直艮維之首湯作殷歷更以十一月合朔冬至爲上元周人因之此謂治歷也至於三統之建夏以寅爲歲首得人統殷以丑爲得地統周武王改從子爲得天統此謂明時也其革命之說劉歆作三統歷及譜引革彖湯武革命文曰治曆明時所以和

人道也如是而已其前又引逸書曰先其革命顏師古曰言王者統業先立算數以命百事也推此而伸之所云革命蓋謂是耳非論其取天下也況大衍之用四十有九一行以之起歷而革卦之序在周易正當四十九然則專為歷甚明考其上句尤極顯白然諸儒贊易皆不及此王弼亦無一言

仕宦捷疾

唐傳遊藝以期年之中歷衣青綠朱紫時人謂

之四時仕宦言其速也國朝惟緑緋紫三等而紫袍者除武臣外文官之制其别有六庶僚黒角帶佩金魚未至侍從而特賜帶者爲荔枝五子不佩魚中書舍人諫議待制權侍郎紅鞓黒犀帶佩魚權尚書御史中丞資政端明殿閣學士直學士正侍郎給事中金御仙花帶不佩魚謂之横金翰林學士以上正尚書御仙帶佩魚謂之重金執政官宰相方團毬文帶俗謂之笏頭者是也其叙如此若猛進躐得者則不然紹

與中宋樸自侍御史遷中丞施鉅自中書檢正鄭仰熊自右正言並遷權侍郎三人皆受告日易服以正謝日拜執政樸鉅以緋仲熊以綠服紫之次日而賜毬文帶蓋侍從以下俟正謝乃易帶而執政命才下即遣中使齎賜遂服之而赴都堂供職可謂捷疾矣若李綱則又異於是宣和七年十二月二十九日自太常少卿除兵部侍郎未謝聞靖康元年正月四日胡騎將至京城綱以邊事求見宰執奏事未退綱語知閤

門事朱孝莊曰有急切公事欲與宰執廷辯孝莊曰舊例未有宰執未退而從官求對者綱曰此何時而用例邪孝莊即具奏詔引綱立於執政之末時宰執議欲奉鑾輿出狩襄鄧綱請固守上曰誰可將者綱曰願以死報第人微官卑恐不足以鎮服士卒白時中乞以爲禮部尚書綱曰亦只是侍從即命除尚書右丞綱曰臣未正謝猶衣緑非所以示中外即面賜袍帶并笏綱服之以謝且言方時艱難臣不敢辭此爲不

綬緋紫而極其服章未之有也

詞臣益輕

治平以前謂翰林學士及知制誥爲兩制自翰林罷補外者得端明殿學士謂之換職熈寜之後乃始爲龍圖紹興以來愈不及矣修起居注者序遷知制誥其次及辭不爲者乃爲待制趙康靖馮文簡魯公司馬公呂正獻公是也學士闕則次補或爲宰相所不樂者猶得待讀學士劉原甫是也在職未久而外除者爲樞密直

學士韓魏公是也亦爲龍圖直學士歐陽公是也後來褒擢者僅得待制王時亨是也餘以善去者集英修撰而止耳

夏英公好處

夏英公既失時譽且以慶曆聖德頌之故不正之名愈彰然固自有好處夏羌之叛英公爲四路經略安撫招討使韓魏公副之賊犯山外韓公令大將任福自懷遠城趍得勝寨出賊後如未可戰即据險置伏要其歸戒之至再又移檄

申約苟違節度雖有功必斬福竟爲賊誘沒于好水川朝論歸咎於韓英公使人收散兵得韓檄於福衣帶間言罪不在韓故但奪一官英公此事賢矣而後來士大夫未必知也予是以表出之

祖宗用人

祖宗用人進退遲速不執一端苟其材可任則超資越級曾不少靳非拘拘於愛惜名器也宋琪自員外郎以正月擢拜諫議大夫三月參知

政事太宗將用李昉時昉官工部尚書七月特遷琪刑書遂並命爲相而琪居昉上自外郎歲中至此石熙載以太平興國四年正月自右補闕今朝奉郎爲兵部員外郎今朝請郎樞密直學士才七日簽書院事四月拜給事中今通議大夫爲副樞十月遷刑部侍郎今正議六年遷戶部尚書今銀青光禄爲使八年罷爲右僕射今特進從初至此五歲用今時階秩言之乃是朝奉郎而爲特進也當日職名唯有密直多從庶僚得之旋即大用張齊

賢王沔皆自補闕直史館遷郎中充學士越半歲並遷諫議叅樞溫仲舒寇準皆自正言今承議郎直館遷郎中充職二年並爲樞密副使向敏中自工部郎中以本官充職越三月同知密院錢若水自同州推官入直史館踰年擢知制誥二年除翰林學士遂以諫議同知密院首尾五年

至道九老

李文正公昉罷相後只居京師以司空致仕至道元年年七十二矣思白樂天洛中九老之會

適交游中有此數曰太子中允張好問年八十
五太常少卿李運年八十故相吏部尚書宋琪
廬州節度副使武允成皆七十九吳僧贊寧年
七十八郢州刺史魏丕年七十六左諫議大夫
楊徽之年七十五水部郎中朱昻與昉皆七十
一欲繼其事爲宴集會蜀寇起而罷其中兩宰
相乃著一僧唐世及元豐耆英所無也次年李
公即世此事竟不成耋老康寧相與燕嬉於升
平之世而雅懷弗遂造物豈亦吝此耶

李文正兩罷相

宰相拜罷恩典重輕詞臣受旨者得以高下其手李文正公昉太平興國八年以工部尚書爲集賢史館相端拱元年爲布衣翟馬周所訟太宗召學士賈黃中草制罷爲右僕射令詔書切責黃中言僕射百寮師長今自工書拜乃爲殊遷非黜責之義若以均勞逸爲辭斯爲得體上然之其詞略云端揆崇資非賢不授昉素高聞望久展謨猷謙和秉君子之風純懿擅吉人之

美輟從三事摠彼六卿用資鎮俗之淸規式表
尊賢之茂典其美如此淳化二年復歸舊廳四
年又罷優加左僕射學士張洎言近者霖霪百
餘日昉職在爕和陰陽不能決意引退僕射之
重右減於左位望不侔因而授之何以示勸上
批洎奏尾止令罷守本官洎遂草制峻詆腦詞
云爕和陰陽輔相天地此宰相之任也苟或依
違在位啓沃無聞雖居廊廟之崇莫著彌綸之
効宜敷朝旨用罷鼎司昉自處機衡曾無規畫

摛化源而滋乂孤物望以何深俾長中臺尚爲優渥可依前尚書右僕射罷知政事歷考前後制麻只言可某官其云罷知政事者洎創增之也國史昉傳云昉厚善洎及昉罷洎草制乃如此紹興二十九年沈該罷制學士周麟之於結句後添入可罷尚書左僕射同平章事盖用此云

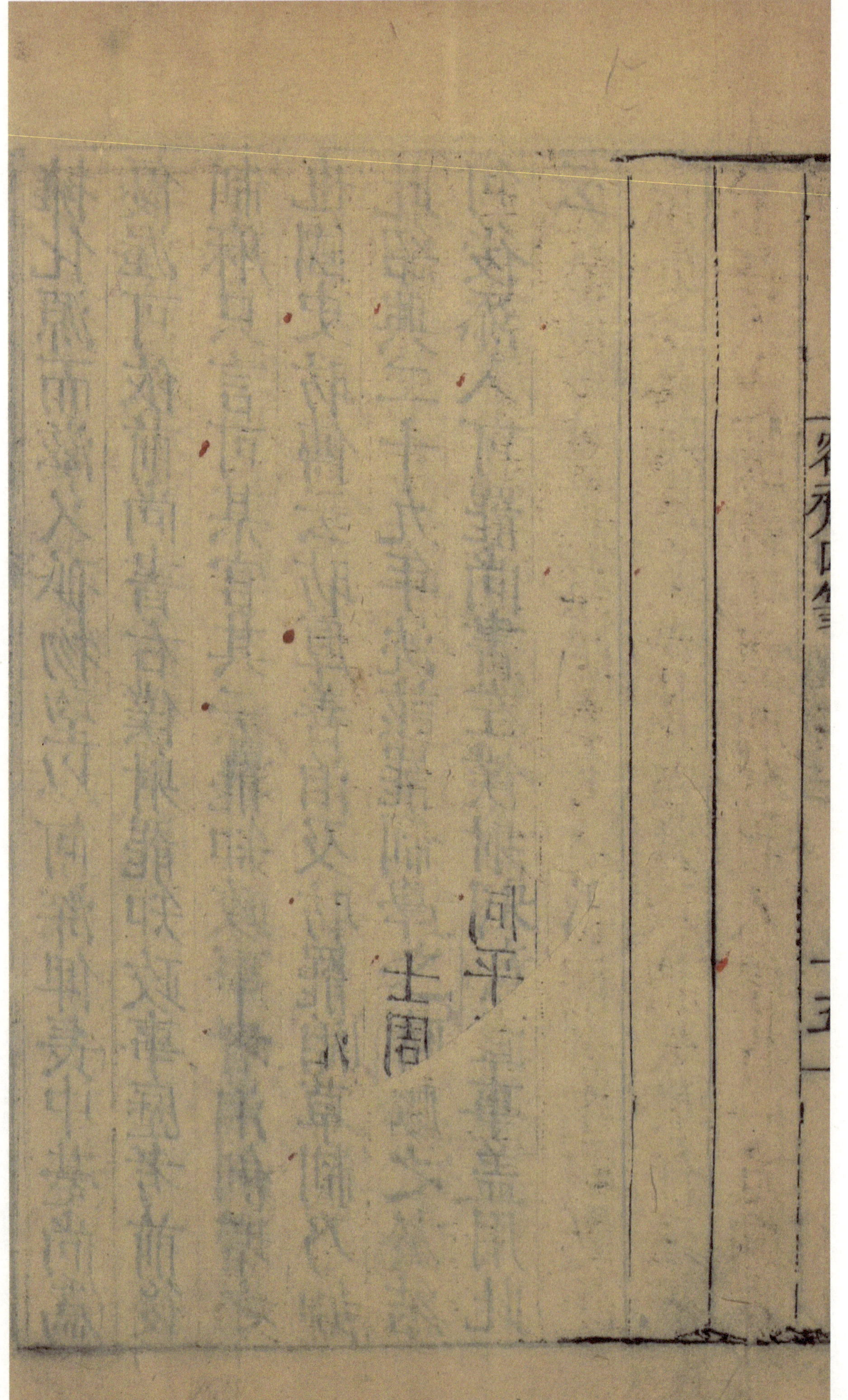

容齋四筆卷第十三　二十四則

科舉之弊不可革

法禁益煩姦僞滋熾唯科場最然其尤者莫如銓試代筆有禁也禁之愈急則代之者獲賂謝愈多其不幸而敗者百無一二正使得之元未嘗致法吏部長貳簾試之制非不善也而文具兒戲抑又甚焉議論奉公之臣朝夕建明然此風如決流偃草未嘗少革或以謂失於任法而不任人之故殊不思所任之人渠肯一意向方

見惡輙取於事無益而禍謗先集于厥身矣開寶中太子賓客邊光範掌選太廟齋郎李宗訥赴吏部銓光範見其年少意未能屬辭語之曰苟援筆成六韻雖不試書判可入等矣宗訥曰非唯學詩亦嘗留心詞賦即試詩賦二首數刻而就甚嘉賞之翌日擬授秘書省正字今之世寧復有是哉

宰執子弟廷試

太宗朝呂文穆公蒙正之弟蒙亨舉進士禮部

高等薦名既廷試與李文正公昉之子宗諤並以父兄在中書罷之國史許仲宣傳云仲宣子待問雍熙二年舉進士與李宗諤呂蒙亨王扶並預廷試宗諤即宰相昉之子蒙亨參知政事蒙正之弟扶鹽鐵使明之子上曰斯並勢家與孤寒競進縱以藝升人亦謂朕有私也皆下第正此事也仲宣時爲度支使仁宗朝韓忠憲公億爲參知政事子維以進士奏名禮部不肯試大廷受蔭入官唐質肅公介參政子義問鎖廳

試禮部用舉者召試秘閣介引嫌覉之舊制嚴

於宰執子弟如此與夫秦益公柄國而子㷧孫

塤皆於省殿試輒冠多士者異矣

國初救弊

國朝削併僭僞救民水火之中然亦有因仍舊

弊未暇更張者故須頼於賢士大夫𡸁言之江

左初平太宗選張齊賢爲江南西路轉運使諭

以民間不便事令一一條奏先是諸州罪人多

錮送闕下緣路非理而死者常十五六齊賢至

蘄州見南劒州吏送罪人者索得州帖視之二
人皆逢販私鹽者爲荷鹽籠得鹽二斤又六人
皆嘗見販鹽而不告者並黥決傳送而五人已
死于路江州司理院自正月至二月經過寄禁
罪人計三百二十四人建州民二人本田家客
戸嘗於主家塘内以錐刺得魚一斤半並杖脊
黥面送闕下齊賢上言乞俟至京擇官慮問如
顯有負屈者本州官吏量加懲罰自今只令發
遣正身及虔州送三囚嘗市得牛肉并家屬十

二人悉詣闕而殺牛賊不獲齊賢憫之即遣其妻子還自是江南送罪人者減大半是皆相循習所致也齊賢改爲其利民如此齊賢以太平興國二年方登科六年爲使者八年還朝由容學拜執政可謂迅用也

房玄齡名字

舊唐書目録書房元齡而本傳云房喬字玄齡新唐書列傳房玄齡字喬而宰相世系表玄齡字喬松三者不同趙明誠金石録得其神道碑

褚遂良書名字與新史傳同予記先公自燕還有房碑一冊于志寧撰乃玄齡字喬松本欽宗在東宮時所藏其後猶有一印曰伯志西齋今亦不存矣

二朱詩詞

朱載上舒州桐城人爲黃州教授有詩云官閑無一事胡蝶飛上階東坡公見之稱賞再三遂爲知巳中書舍人新仲翌其次子也有家學十八歲時戲作小詞所謂流水泠泠斷橋斜路梅

枝亞者朱希真見而書諸扇今人遂以爲希真所作又有摺疊扇詞云宮紗蜂趕梅寶扇鸞開翅數摺聚清風一捻生秋意搖搖雲毋輕裊裊瓊枝細莫解玉連環怕作飛花墜公親書葉因存亦因張安國書扇而載於于湖集中其詠五月菊詞云玉臺金盞對炎光全似去年香有意莊嚴端午不應忘却重陽菖蒲九節金英滿把同泛瑶觴舊日東籬陶令北窻正傲羲皇淵明於五六月高卧北窻之下清風颯至自謂羲皇

上人用此事於五月菊詩家嘆其精切云

金剛經四句偈

今世所行金剛經用姚秦鳩摩羅什所譯其四句偈曰一切有爲法如夢幻泡影如露亦如電應作如是觀又曰若以色見我以音聲求我是人行邪道不能見如來予博觀它本頗有不同元魏天竺三藏菩提流支譯云一切有爲法如星翳燈幻露泡夢電雲應作如是觀而不能見如來之下更有四句云彼如來妙體即法身諸

佛法體不可見彼識不能知陳天竺三藏眞諦
譯云如如不動恒有正説應觀有爲法如暗翳
燈幻露泡夢電雲若以色見我以音聲求我是
人行邪道不應得見我由法應見佛調御法爲
身此法非識境法如深難見唐三藏玄奘譯云
諸和合所爲如星翳燈幻露泡夢電雲應作如
是觀諸以色見我以音聲尋我彼生履邪斷不
能當見我應觀佛法性即導師法身法性非所
識故彼不能了唐沙門義淨譯前四句與魏善

提本同而後云若以色見我以音聲求我是人起邪觀不能當見我後四句與玄奘本同予案今人稱云如東坡以名堂者謂夢幻泡影露電也而此四譯乃知有九如大般若經第八會世尊頌第九會能斷金剛分二頌亦與玄奘所譯同

四蓮華之名

嗢鉢摩華青蓮華也鉢特摩華亦云波頭摩赤蓮華也拘毋陁華亦云俱物頭亦云俱牟陁紅

蓮也奔茶利華亦云芬陁利白蓮也堵羅綿柳絮之類即兜羅綿也

黒法白法

安立黒法感黒異熟所謂地獄傍生鬼界安立白法感白異熟所謂人天安立黒白法感黒白異熟所謂一分傍生鬼界及一分人安立非黒非白法感非黒非白異熟所謂預留果或一來果或不還果

多心經偈

多心經偈曰揭帝揭帝波羅揭帝波羅僧揭諦菩提薩摩訶又有大明呪經鳩羅什所譯曰竭帝竭帝波羅竭帝波羅僧竭帝菩提僧莎呵

天宫寶樹

行行相值莖莖相望枝枝相准葉葉相向華華相順實實相當此無量壽經所言天宫寶樹非塵世所有也

白分黑分

月盈至滿謂之白分月虧至晦謂之黑分白前

黒後合爲一月又曰日隨月後行至十五日覆
月都盡是名黒半日在月前行至十五日具足
圓滿是名白半
月雙閏雙
十五夜爲半月兩半月爲一月三月爲一時兩
時爲一行兩行爲一季二年半爲一雙此由閏
故以閏月兼本月此謂月雙非閏雙也以五年
再閏爲閏雙
踰繕那一由旬

數量之稱謂踰繕那四十里也毗曇論四肘爲
一弓五百弓爲一拘盧舍八拘盧舍爲一由旬
一弓長八尺五百弓長四百丈一拘盧舍有二
里十六里爲一由旬

七極微塵

七極微塵成一阿耨池上塵七阿耨塵爲銅上
塵七銅上塵爲水上塵七水上塵爲兎毫上塵
七兎毫上塵爲一羊毛上塵七羊毛上塵爲一
牛毛上塵七牛毛上塵成一嚮遊塵七嚮遊塵

成一蠛七蠛成一虱七虱成一積麥七積麥爲一指三十四指爲一肘四肘爲一弓

宰相贈本生父母官

封贈先世自晉宋以來有之逮唐始備然率不過一代其恩延及祖廟者絶鮮亦未嘗至極品郭汾陽二十四考中書令而其父贈止太保權德輿位宰相其祖贈止郎中唐末五季宰輔貴臣始追榮三代國朝因之李文正公昉本工部郎中超之子出繼從叔紹昉再入相表其事求

贈所生父祖官封詔贈祖温太子太保祖母權氏莒國太夫人父超太子太師母謝氏鄭國太夫人可謂異數後不聞繼之者

執政贈三代不同

文臣封贈三代自初除執政外凡轉廳皆不再該唯知樞密院及拜相乃復得之然舊法又不如是歐陽公作程文簡公琳父神道碑歷叙恩典曰琳參知政事贈爲太子少師在政事遷左丞係轉一官又贈太子太師罷爲資政殿學士又贈

太師中書令爲宣徽北院使又贈兼尚書令則是轉官與罷政亦襃贈而自宫師得太師中令更爲超越它或不然

唐孫處約事

新唐書來濟傳云初濟與高智周郝處俊孫處約客宣城石仲覽家仲覽衍於財有器識待四人甚厚私相與言志處俊曰願宰天下濟及智周亦然處約曰宰相或不可冀願爲通事舍人足矣後濟領吏部處約始以瀛州書佐入調濟

遽注曰如志遂以爲通事舍人後皆至公輔高智周傳云智周始與郝處俊來濟孫處約共依江都石仲覽仲覽頗產結四人驩因請各語所期處俊曰丈夫惟無仕仕至宰相乃可智周濟如之處約曰得爲舍人在殿中周旋吐納可也後濟居吏部處約以瀛州參軍入調濟曰如志擬通事舍人畢降階勞問平生案兩傳相去才一卷不應重複如此可謂冗長本出韓琬所撰御史臺記而所載自不實處約傳正觀中爲齊

王祐記室祐多過失數上書切諫王誅太宗得其書擢中書舍人是歲十七年癸卯來濟次年亦爲中書舍人永徽三年拜相六年撿挍吏部尚書是歲丁巳去癸卯首尾十五歲若如兩傳所書大爲不合韓琬之説誠謬史氏又失於不考仲覽鄉里一以爲宣城一以爲江都豈宣城人而家於廣陵也

夏侯勝京房兩傳

漢書儒林傳欲詳記經學師承故序列唯謹然

夏侯勝京房又自有傳儒林云勝其先夏侯都尉以尚書傳族子始昌始昌傳勝勝又事同郡簡卿傳兄子建建又事歐陽高而本傳又云從始昌受尚書後事簡卿又從歐陽氏從子建師事勝及歐陽高儒林言房受易梁人焦延壽以明災異得幸爲石顯所譖誅凡百餘字而本傳又云治易事梁人焦延壽其說長於災變房用之尤精爲石顯告非謗政治誅此兩者近於重複也若其它張禹彭宣王駿倪寬龔勝鮑宣周

堪孔光李尋韋賢玄成薛廣德師丹王吉蔡誼董仲舒眭孟貢禹疏廣馬宮翟方進諸人但志姓名及所師耳

漢人坐語言獲罪

漢昭帝時有大石自立僵柳復起眭孟上書言有從匹夫爲天子宜求索賢人禪以帝位而退自封百里霍光惡之論以袄言惑衆伏誅案孟之妄發其死宜矣宣帝信任宦官蓋寬饒奏封事言五帝官天下三王家天下家以傳子官以

傳賢執金吾議以指意欲求禪亦坐死考其所引亦不爲無罪楊惲之報孫會宗書初無甚怨怒之語其詩曰田彼南山蕪穢不治種一頃豆落而爲萁張晏釋以爲言朝廷荒亂百官諂諛可謂穿鑿而廷尉當以大逆無道刑及妻子子熟味其詞獨有所謂君父至尊親送其終也有時而既蓋宣帝惡其君喪送終之喻耳莊助論汲黯輔少主守成武帝不怒實係然一時禍福云賈誼劉向談說痛切無忌諱文成二帝未嘗

問焉隨筆紀之矣

樞密書史

景德四年命宰臣王旦監修兩朝正史知樞密院王欽若陳堯叟參知政事趙安仁並修國史後來執政入樞府皆不得提舉修書非故事也

知州轉運使爲通判

今世士大夫既貴不可復賤淳化中北戎入寇以殿前都虞候曹璨知定州時趙安易官宗正少卿以知州遂就徙通判同時有羅延吉者既

知彭祁絳三州而除通判廣州勝中正知興元府而通判河南袁郭知楚鄆二州會秦王廷美遷置房州詔崇儀副使閻彥進知州而以郭通判州事范正辭既知戎淄二州而通判棣深又陳若拙歷知單州殿中侍御史西川轉運使召歸會李至守洛都表爲通判又之柴禹錫鎮涇州復表爲通判連下遷而皆非貶降近不復有矣

范正辭治饒州

范正辭太平興國中以饒州多滯訟選知州事至則宿繫皆決遣之胥史坐淹獄停職者六十三人會詔令料州兵送京有王興者懷土憚行以刃故傷其足正辭斬之興妻上訴太宗召見正辭廷辯其事正辭曰東南諸郡饒實繁盛人心易動興敢扇搖苟失控馭則臣無待罪之地矣上壯其敢斷特遷官充江南轉運副使饒州民甘紹者爲群盜所掠州捕繫十四人獄具將死正辭案部至引問之囚皆泣下察其非實命

徙他所訊鞫既而民有告盜所在者正辭潛召監軍掩捕之盜覺遁去正辭即單騎出郭二十里追及之賊控弦持矟來逼正辭大呼以鞭擊之中賊雙目仆之餘賊渡江散走被傷者尚有餘息旁得所弃贓按其姦狀伏法十四人皆得釋此吾鄉里事而郡人多不聞之

榮王藏書

濮安懿王之子宗綽蓄書七萬卷始與英宗偕學于邸每得異書必轉以相付宗綽家本有岳

陽記者皆所賜也此國史本傳所載宣和中其子淮安郡王仲糜進目録三卷忠宣公在燕得其中袟云除監本外寫本印本書籍計二萬二千八百三十六卷觀一袟之目如是所謂七萬卷者爲不誣矣三館祕府所未有也盛哉

秦杜八六子

秦少游八六子詞云片片飛花弄晚濛濛殘雨籠晴正銷凝黃鸝又啼數聲語句清峭爲名流推激予家舊有建本蘭畹曲集載杜牧之一詞

但記其末句云正銷魂梧桐又移翠陰秦公蓋
効之似差不及也

容齋四筆卷第十四 十四則

祖宗親小事

太宗朝呂端自諫議大夫開封判官左遷衛尉少卿時群官有負宿譴者率寘散秩會置考課院每引對多泣涕以不免飢寒爲請至端即前奏曰臣罪大而幸深苟得潁州副使臣之願也上曰朕自知卿無何復舊官踰月拜參知政事上留意金穀之務一日盡召三司吏李溥等對於崇政殿詢以計司利害溥等願給筆札於是

二十七人共上七十一事詔以四十四事付有司奉行十九事下鹽鐵使陳恕等議其可否遣知雜御史監議賜溥等白金緡錢悉補侍禁殿直領其職謂宰相曰溥等條奏事亦頗有所長朕嘗語恕等若文章稽古此輩固不可望卿錢穀利病彼自幼至長寢處其中必周知根本卿但假以顏色引令剖陳必有所益恕不肯降意詢問旋以職事曠廢上召而責之始頓首謝王賓以供奉官充亳州監軍妻極妬悍特監軍不

許挈家至任所妻擅至亳州貧具以白上上召
見其妻詰責俾衞士交捽之杖一百配爲忠靖
卒妻一夕死陳州民張矩殺里中王裕家兩人
知州田錫未嘗慮問又詣闕訴寃遣二朝士鞫
之皆云非矩所殺裕家寃甚其子福應募爲軍
因得見曰臣非欲隸軍葢家寃求訴耳太宗怒
付御史府治之寘矩于法二朝士皆坐貶錫洎
通判郭渭謫爲海郢州團練副使饒州卒妻訴
理夫死至召知州范正辭庭辯且夫引見散秩

庶僚而容其各各有請三司胥吏而引對正殿命以官爵聽其所陳一州都監而得自上奏至召其妻責辱之一卒應募而得入見遂伸家寃爲貶責吏萬幾如是安得不理今之言典故者蓋未能盡云

王居正封駮

紹興五六年閒王居正爲給事中時王繼先方以醫進中旨以其壻添監浙江稅務録黃過門下居正封還高宗批三省將上及二相進呈聖

訓云卿等亦嘗用醫者否對曰皆用之曰所酬如何曰或與酒或與錢或與縑帛隨大小効驗以荅其勞上曰然則朕宫中用醫反不得酬謝邪文字未欲再付出可以諭居正使之書讀丞相退即語居正曰聖意如此是事亦甚小給事不必固執居正唯唯遂請對上語如前而玉色頗厲居正對曰臣庶之家待此輩與朝廷有異量功隨力各致陳謝之禮若朝廷則不然繼先之徒以技術庸流享官榮受禄俸果爲何事哉

一或失職重則有刑輕則斥逐使其應奉有効僅能塞責而已想金帛之賜固自不少至於無故增剩員闕誠爲未善臣不願陛下輒起此門上悟曰卿言是也即日下其奏前降旨揮更不施行居正之直諒有守高宗之聽言納諫史録中恐不備載故敬書之邁頃聞之於張九成

王元之論官冗

省官之説昔人論之多矣唯王元之兩䟽最爲切當其一云臣舊知蘇州長洲縣自錢氏納土

以來朝廷命官七年無縣尉使主簿兼領之未嘗闕事三年增置尉未嘗立一功以臣詳之天下大率如是誠能省官三千員減俸數千萬以供邊備寬民賦亦大利也其二云開寶中設官至少臣占籍濟上未及第時止有刺史一人李謙溥是也司戶一人孫賁是也近及一年朝廷別不除吏自後有團練推官一人畢士安是也太平興國中臣及第歸鄉有刺史通判副使判官推官監軍監酒榷稅筭又增四員曹官之外

更益司理問其租稅減於曩日也問其人民逃於昔時也一州既爾天下可知冗兵耗于上冗吏耗于下此所以盡取山澤之利而不能足也觀此二說以今言之何止於可爲長太息哉

梁狀元八十二歲

陳正敏遯齋閑覽梁灝八十二歲雍熙二年狀元及第其謝啓云白首窮經少伏生之八歲青雲得路多太公之二年後終祕書監卒年九十餘此語既著士大夫亦以爲口實予以國史考

之梁公字太素雍熙二年廷試甲科景德元年以翰林學士知開封府暴疾卒年四十二子固亦進士甲科至直史館卒年三十三史臣謂梁方當委遇中途夭謝又云梁之秀穎中道而摧明白如此遯齋之妄不待攻也

太宗恤民

曾致堯爲兩浙轉運使嘗上言去歲所部秋租惟湖州一郡督納及期而蘇常潤三州悉有逋負請各按賞罰太宗以江淮頻年水災蘇常特

甚致堯所言刻薄不可行因詔戒之使倍加安撫勿得騷擾是事必已編入三朝寶訓中此國史本傳所載也

潘游洪沇

紹興十三年勑令所進書删定官五員皆自選人改秩潘良能季成游操存誠沇介德和伯兄景伯皆拜祕書省正字張表臣正民以無出身除司農丞四正字同日赴館供職少監秦伯陽於會食之次謂坐客言一旦增四同舍而姓皆

從水傍嬉有一句願諸君爲對之以成三館異日佳話即云潘游洪沇泛瀛洲坐客合詞賞歎竟無有能對者予因記筆談所載元厚之絳少時曾夢人告之曰異日當爲翰林學士須兄弟數人同在禁林厚之自思素無兄弟疑爲不然及熙寧中除學士同時相先後入院者韓維持國陳繹和叔鄧綰文約楊繪元素名皆從糸始悟兄弟之說欲用絳繹繪維綰綸綍爲對然未暇考之史録歲月果同否也

舞鷗游蜻

戰國時諸子百家之書所載絶有同者列子黄帝篇云海上之人有好漚鷗音鷗鳥者每旦之海上從漚鳥游漚鳥之至者百數而不止其父曰吾聞漚鳥皆從汝游汝取來吾玩之明日之海上漚鳥舞而不下也吕覽精喻篇云海上人有好蜻蜻蜓也者每朝居海上從蜻游蜻之至者百數而不止前後左右盡蜻也終日玩之而不去其父告之曰聞蜻皆從汝居取而來吾將玩之明

日之海上蜻無至者矣此二説如出一手也

郎中用資序

國朝官制既行除用職事官不問資序高下但隨階品而加行守試以賦禄郎中員外郎亦自爲兩等頗因履歷而授之後來相承必欲已關陞知州資序者爲郎中於是拜員外郎者具敍官後實歷歲月申吏部不以若干任但通理細滿八考則陞知州乃正作郎中别命詞給告頃嘗有旨初除郎官者雖資歷已高且爲員外侯

吏部再申然後陞作郎中近歲掌故失之故李大性自浙東提刑除吏部時佐自大理正除刑部徐閎自大府丞除都官岳震自將作少監除度支其告内即云郎中與元旨揮戾矣

臺諫分職

臺諫不相見已書於續筆中其分職不同各自有故實元豐中趙彦若爲諫議大夫論大臣不以道德承聖化而專任小數與郡有司較計短長失具瞻體因言門下侍郎章子厚左丞王安

禮不宜處位神宗以彥若侵御史論事左轉祕書監蓋許其論議而責其彈擊爲非也元祐初孫覺爲諫議大夫是時諫官御史論事有分限毋得越職覺請申唐六典及天禧詔書凡發令造事之未便皆得奏陳然國史所載御史掌糾察官邪肅正綱紀諫官掌規諫諷諭凡朝政闕失大臣至百官任非其人三省至百司事有失當皆得諫正則蓋許之矣唐人朝制大率重諫官而薄御史中丞温造道遇左補闕李虞恚不

避捕從者笞擊左拾遺舒元褒等建言故事供奉官惟宰相外無屈避造弃蔑典禮辱天子侍臣遺補雖卑侍臣也中丞雖高法吏也侍臣見陵法吏自恣請得論罪乃詔臺官供奉官共道路聽先後行相值則揖然則居此二雄職者在唐日了不相謀云

正元朝士

劉禹錫聽舊宮人穆氏唱歌一詩云曾陪織女度天河記得雲開第一歌休唱正元供奉曲當

時朝士已無多劉在正元任郎官御史後二紀
方再入朝故有是語汪藻始采用之其宣州謝
上表云新建武之官儀不圖重見數正元之朝
士今已無多汪在宣和間爲館職符寶郎是時
紹興十三四年中其用事可謂精切邁甞四用
之謝侍講修史表云下建武之詔書正爾恢張
於治具數正元之朝士獨憐留落之孤蹤以德
壽慶典曾任兩省官者遷秩蒙轉通奉大夫謝
表云供奉當時敢齒正元之朝士頌歌大業願

賡至德之中興充永思陵橋道頓遞使轉宣奉大夫謝表云武德文階愧三品維新之澤正元朝士動一時旣往之悲主上即位明堂禮成謝加恩云考皇祐明堂之故操以舉行念正元朝士之存今其餘幾亦各隨事引用近者單夔以知紹興府進文華閣直學士謝表云數廿泉法從之舊真正元朝士之餘夔嘗淳熙中雖爲侍郎然一朝名臣尚多又距今才十餘歲似爲太穩貼也

表章用兩臣字對

表章自敘以兩臣字對說由東坡至汪浮溪多用之然須要審度君臣之間情義厚薄及姓名眷顧於君前如何乃爲合宜坡湖州謝表云知臣愚不適時難以追陪新進察臣老不生事或能牧養小民登州表云於其黨而觀過謂臣或出於愛君就所短以求長知臣稍習於治郡侍讀謝表云謂臣雖無大過人之才知臣粗有不欺君之實欲使朝夕與於討論潁州表云意其

忠義許國故暫召還察其老病畏入復許補外汪謝徽州云謂臣不敢歲寒故起之散地察臣素推月旦故付以本州爲陸藻謝給事中云知臣椎鈍無他故長奉賢王之學憫臣踐揚滋久故亟陞法從之班爲汪樞密謝子自虜中歸不令入城降詔獎諭表云知臣齒髮已凋常恐鄧攸之無後憐臣肺肝可見有如去病之辭家凡此所言皆可自表於君前者劉夢得代竇群容州表有察臣前任事實恕臣本性朴愚之句坡

公蓋本諸此近年後生假倩作文不識事體至有碌碌常流作得一疉亦輒云知臣察臣之類眞可笑也

劉夢得謝上表

郡守謝上表首必云伏奉告命授臣某州巳於某月某日到任上訖然後入詞獨劉夢得數表不然和州者曰伏奉去年六月二十五日制書授臣使持節和州諸軍事守和州刺史臣自理巴賓不聞善最恩私忽降慶抃失容臣某中謝

伏惟皇帝陛下丕承寶祚光闡鴻猷有漢武天人之姿亶周成叡哲之德發言合古舉意通神委用得人動植咸悦理平之速從古無倫微臣何幸獲覩昌運臣業在辭學早歲策名德宗尚文擢爲御史出入中外歷事五朝累承恩光三換符竹分憂之寄禄秩非輕而素蓄所長効用無日臣聞一物失所前王軫懷今逢聖朝豈患無位臣即以今月二十六日到所任上訖伏以地在江淮俗參吴楚災旱之後綏撫誠難謹當

奉宣皇風慰彼黎庶久於其道冀使知方伏乞
聖慈俯賜昭鑒首尾敘述皆與他人表不同其
夔州汝州同州蘇州諸篇一體邁長子樽常稱
誦之及爲太平州遂擬其體代作一表其詞云
臣邁言伏奉今年九月十七日制書授臣知太
平州者一麾出守方切兢危三命滋共弗容控
避仰皇天之大造抑丹地以何言中謝恭惟皇
帝陛下叡知有臨神武不殺慕舜之孝見堯於
墻德冠古今而獨尊仁並清寧而徧覆明見萬

里將大混於車書子來庶民更精求於岳牧臣家本儒素時無令名濫竽宏博之科稅駕清華之地瀛山抱槧即省握蘭在紹興之季年污記注於右史龍飛應運鳳歷紀祥不遺細微兼取愚頑遂以詞賦之職獲侍清閒之歡雖宿命應仙許暫來於天上而塵心未斷旋即墮於人閒一去十八年之中三叨二千石之寄未繇金華郡還紬石室書從珍臺閒館之游勸廣厦細旃之講真拜學士號名私人受九重知已之殊極

三入承明之幸使與大議不專斯文而臣弱羽不足以當雄風蹇步不足以勝重任上恩惜其終棄左符寵其餘生李廣數奇徒羨侯於校尉汲黯妄發敢歎薄於淮陽臣即以今月二十八日到任上訖伏以郡在江東昔稱道院地鄰淮右今謂壯藩謹當宣布恩威奉行寬大求民之瘼問俗所宜緩帶輕裘雖弗賢長城於李勣清心省事敢不避正堂於蓋公庶幾固結本根少復報酬知遇全規模其步驟然視昔所作猶覺

語煩

陳簡齋葆眞詩

自崇寧以來，時相不許士大夫讀史作詩何清源至於修入令式本意但欲崇尚經學痛沮詩賦耳於是庠序之間以詩爲諱政和後稍復爲之而陳去非遂以墨梅絶句擢寘館閣嘗以夏日借五同舍集葆眞宫池上避暑取綠陰生晝靜分韻賦詩陳得靜字其詞曰清池不受暑幽討起予病長安車轍邊有此萬荷柄是身唯可懶共寄無盡與魚游水底涼鳥語林間靜談餘日亭午樹影一時正清風不負客意重百金贈聊將兩鬢蓬起照千丈鏡微波喜搖人小立待其定梁王今何許柳色幾衰盛人生行樂耳詩律已具贈邂逅一尊酒宅年五君詠重期踏月來夜半嘯煙艇詩成出示坐上皆詫爲擅場朱新仲時親見之云京師無人不傳寫也

仙傳圖志荒唐

昔人所作神仙傳之類大底荒唐謬悠殊不能

略考引史策如衛叔卿事云漢儀鳳二年孝武皇帝閒居殿上而見之月支使者事云延和三年武帝幸安定而月支國遣使獻香案儀鳳乃唐高宗紀年名延和乃魏太武唐睿宗紀年名而誕妄若是自餘山經地志往往皆然近世士大夫采一方傳記及故老談説競爲圖志用心甚專用力甚博亦不能免牴牾高夔守襄陽命僚屬作一書其敘歷代沿革云在周爲楚鄧鄾諸國据左傳鄾乃鄧邑後巴人伐楚圍鄾蓋楚

滅鄧故亦來屬元非列國也又引左傳蔓成然事以蔓爲國据成然乃楚大夫靈王奪其邑無所謂蔓國也

容齋四筆卷第十五 十五則

徽廟朝宰輔

蔡京擅國命首尾二十餘年一時士大夫未有不因之以至大用者其後頗采公議與爲異同若宰相則趙清獻挺之張無盡商英鄭華原居中劉文憲正夫所行所言世多知之其居執政位者如張康國賔老溫益禹弼劉逵公路侯蒙元功者皆有可録康國定元祐黨籍看詳講議司編彙奏牘皆深預客議及後知樞密院始浸

爲崖異徽宗察京專愎陰令狙伺其姦蓋嘗許以相是時西北邊帥多取部內好官自辟置以力不以才康國曰並塞當擇人以紓憂顧柰何欲私所善乎乃隨闕選用定爲格京使御史中丞吳執中擊之康國先知之具以奏益鎮潭州凡元祐逐臣在湖南者悉遭侵困因愛莫助之圖遂爲京用至中書侍郎乃時有立異京一日除監司郡守十人將進畫益判其後曰收京使益所厚中書舍人鄭居中問之益曰君在西掖

毎見所論事舍人得舉職侍郎顧不許邪令丞相所擬十人其皆姻黨耳欲不逆其意得乎遠以附京至中書侍郎京去相遠首勸上碎元祐黨碑寬上書邪籍之禁凡京所行悖理殃民事稍稍釐正之蒙在政地上從容問蔡京何如人對曰使京能正其心術雖古賢相何以加上頷首且使密伺京所爲京聞而銜之凡此數端皆見於國史本傳

教官掌牋奏

所在州郡相承以表奏書啓委教授因而餉以錢酒予官福州但爲撰公家謝表及祈謝晴雨文至私禮牋啓小簡皆不作然遇聖節樂語嘗爲之因又作他用者三兩篇每以自愧鄒忠公爲潁昌教授府守范忠宣公屬撰興龍節致語辭不爲范公曰翰林學士亦作此忠公曰翰林學士則可祭酒司業則不可范公敬謝之前輩風節可畏可仰如此

經句全文對

予初登詞科再至臨安寓於三橋西沈堯功主
簿之館沈以予買飯于外謂爲不便自取家饌
日相供同年湯丞相來訪抑旅食大槩具爲言
之湯公笑曰主人亦賢矣因戲出一語曰袁王
孫而進食豈望報乎良久予應之曰爲長者而
折枝非不能也公大激賞而去汪聖錫爲秘書
少監每食罷會茶一同舍輒就枕不至及起亦
戲之曰宰予晝寢於予與何誅衆未有言汪曰
有一對雖於今事不切然却是一个出處云子

貢方人夫我則不暇同舍皆合詞稱美

北郊議論

三代之禮冬至祀天於南郊夏至祭地於北郊王莽於元始中改爲合祭自是以來不可復變元豐中下詔欲復北郊至六年唯以冬至祀天而地祇不及事元祐七年又使博議而許將顧臨范純禮王欽臣孔武仲杜純各爲一說逮蘇軾之論出於是群議盡廢當時諸人之說有六一曰今之寒暑與古無異宣王六月出師則夏

至之日何爲不可祭二曰夏至不能行禮則遣官攝行亦有故事三曰省去繁文末節則一歲可以再郊四曰三年一祀天又一年一祭地五曰當郊之歲以十月神州之祭易夏至之方澤可以免方暑舉事之患六曰當郊之歲以夏至祀地祇於方澤上不親郊而通爟火於禁中望祀軾皆辟之以謂無一可行之理其文載於奏議凡三千言元符中又詔議合祭論者不一唯太常少卿宇文昌齡之議最爲簡要曰天地之

勢以高卑則異位以禮制則異宜以樂則異數至於衣服之章器用之具日至之時皆有辨而不亂夫祀者自有以感於無自實以通於虛必以類應類以氣合氣然後可以得而親可以冀其格今祭地於圓丘以氣則非所合以類則非所應而求高厚之來享不亦難乎後竟用其議此兩說之至當如此

討論濫賞詞

東坡公行香子小詞云清夜無塵月色如銀酒

斟時須滿十分淨名淨利休苦勞神歎隙中駒石中火夢中身雖抱文章開口誰親且陶陶樂盡天眞不如歸去作箇閒人對一張琴一壺酒一溪雲紹興初范覺民爲相以自崇寧以來創立法度例有汎賞如學校茶鹽錢幣保伍農田居養安濟寺觀開封大理獄空四方邊事御前內外諸司編勑會要學制禮制道史等書局掖庭編澤行幸曲恩諸色營繕河埽功役採石木桃花石等綱祥瑞禮樂兩城所公田伎術伶優

三山永橋明堂西内八寶元圭種種濫賞不可勝述其曰應奉有勞獻頌可采職事修舉特授特轉者又皆無名直與及白身補官選人改官職名礙格非隨龍而依隨龍人非戰功而依戰功人等每事各為一項建議討論又行下吏部看該載未盡名色並合取朝廷指揮臨時參酌追奪事件遂為畫一規式有至奪十五官者雖公論當然而失職者胥動造謗浮議蜂起無名子因改坡語云清要無因舉選艱辛繫書錢須

要十分浮名浮利虚苦勞神歎旅中愁心中悶
部中身雖抱文章苦苦推尋更休說誰假誰真
不如歸去作箇齊民免一回來一回討一回論
至大字書寫貼於内前墻上邏者得之以聞是
時僞齊劉豫方盜據河南朝論慮或揺人心亟
罷討論之舉范公用是爲臺諫所攻今章且叟
奏槀中正載彈疏竟去相位云

尺八

唐盧肇爲歙州刺史會客於江亭請目前取一

事爲酒令尾有樂器之名肇令曰遥望漁舟不濶尺八有姚巖傑者飲酒一器凭欄嘔噦須臾即席還令曰凭欄一吐已覺空喉此語載於摭言又逸史云開元末一狂僧往終南回向寺一老僧令於空房内取尺八來乃玉也謂曰汝主在寺以愛吹尺八謫在人閒此常吹者也汝當回可將此付汝主僧進於玄宗特取吹之寃是先所御者孫夷中仙隱傳房介然尃吹竹笛名曰尺八將死預將管打破告諸人曰可以同將

就擴亦謂此云尺八之爲樂名今不復有呂才傳云正觀時祖孝孫增損樂律太宗詔侍臣舉善音者王珪魏徵盛稱才製尺八凡十二枚長短不同與律諧契太宗即召才參論樂事尺八之所出見於此無由曉其形製也爾雅釋樂亦不載

三給事相攻

元祐中王欽臣仲至自權工部侍郎除給事中爲給事姚勔所駮而止大觀中陳亨伯自左司

員外郎擢給事中，爲權官蔡嶷所沮而出。政和末，伯祖仲逵在東省，以疾暫謁告兩日。張天覺復官之命過門下第四廳，給事方會論爲畏繳駮之，故所以託病，遂罷知滁州。

朱藏一詩

政和末，老蔡以太師魯國公總治三省，年巳過七十，與少宰王黼爭權相傾。朱藏一在館閣，和同舍秋夜省宿詩云：老火未甘退，稚金方力征。炎涼分勝負，頃刻變陰晴。兩人門下士互與譖言以爲嘲謗其後黼獨相館職多遷擢朱居官如故而和人菊花詩云紛紛桃李春過眼成枯萎晩榮方耐久造物豈吾欺或又譜於黼以爲怨懟是時士論指三館爲鬧藍

蔡京輕用官職

蔡京三入相時除用士大夫視官職如糞土蓋欲以天爵市私恩政和六年十月不因赦令侍從以上先緣左降同日遷職者二十人通奉大夫張商英爲觀文殿學士中大夫王襄爲延康

殿學士顯謨閣待制李圖南爲述古殿學士寶文閣待制蔡嶷顯謨閣待制葉夢得並爲龍圖閣直學士寶文閣待制張近通奉大夫錢卽右文殿修撰王漢之並爲顯謨閣直學士中大夫葉祖洽爲徽猷閣直學士朝散大夫曾孝蘊爲天章閣待制朝散郎俞㮚朝議大夫曾孝序中奉大夫范致明右文殿修撰蔡肇大中大夫孫鼛朝議大夫 王覺右文殿修撰陳暘並爲顯謨閣待制朝請郎蔡懋中奉大夫龐恭孫朝請郎

洪彥昇並爲徽猷閣待制至十一月冬祀畢大
赦天下仍復推恩
節度使改東宮環衛官
太祖有天下將收藩鎮威柄故漸行改革至於
位至侍中中書令使相者其高僅得東宮官次
但居環衛鳳翔王晏爲太子太師安遠武行德
爲太子太傅護國郭從義爲左金吾上將軍鳳
翔王彥超爲右金吾上將軍定國白重贊爲左
千牛上將軍保大楊廷璋爲右千牛上將軍靜

難劉重進爲羽林統軍若符彥卿者以太師中書令天雄節度使直罷歸洛八年不問亦不別除官其廟謨雄斷如是靖康初以戚里冐政宣恩典多建節鉞乃稽用此制錢景臻以少傅安武節度劉宗元以開府儀同三司鎮安節度並爲左金吾上將軍范訥以平涼劉敷以保信劉敏以保成張楙以嚮德王舜臣以岳陽朱孝孫以應道錢忱以瀘川節度並爲右金吾上將軍自後不復舉行矣

宰相任怨

宰相欲收士譽使恩歸已故只以除用爲意而不任職及顯有過舉者亦不肯任怨稍行黜徙文惠公在相位嘗奏言今之監司郡守其無大過者臺諫固不論擊但其閒實有疲懦庸老之人依阿留之轉爲民害臣欲皆與祠祿理作自陳監司或就移小郡庶幾人有家食之資國無曠官之失孝宗欣然聽許於是湖南轉運判官任詔改知復州廣東提舉鹽事劉景改知南雄

州時太常丞闕監左藏庫許子紹欲得之公以大超越諭使小緩子紹宛轉愈力乃白其事出通判静江府議者私謂若如此則是廟堂而兼臺諫之職殊不思進賢退不肖真宰相之事耳欲擬宫觀三四人未暇而去位子紹之出遂纖入言章中近者京丞相以國子録吳仁傑居職未久便欲求遷奏罷歸吏部注簽判亦此意也

四李杜

漢太尉李固杜喬皆以爲相守正爲梁冀所殺

故掾楊生上書乞李杜二公骸骨使得歸葬梁冀之誅權埶專歸宦官傾動中外白馬令李雲露布上書有帝欲不諦之語桓帝得奏震怒逮雲下北寺獄弘農五官掾杜衆傷雲以忠諫獲罪上書願與雲同日死帝愈怒下廷尉皆死獄中其後襄楷上言亦稱爲李杜靈帝再治鉤黨范滂受誅毋就與之訣曰汝今與李杜齊名死亦何恨謂李膺杜密也李太白杜子美同時著名故韓退之詩云李杜文章在光焰萬丈長凡

四李杜云

渾脱隊

唐中宗時清源尉吕元泰上書言時政曰比見坊邑相率爲渾脱隊駿馬胡服名曰蘇幕遮旗鼓相當騰逐喧譟以禮義之朝法胡虜之俗非先王之禮樂而示則於四方書曰謀時寒若何必臝形體讙衢路鼓舞跳躍而索寒焉書聞不報此蓋并論潑寒胡之戲唐史附於宋務光傳末元泰竟亦不顯近世風俗相尚不以公私宴

集皆爲要曲要舞如勃海樂之類殆猶此也

歲陽歲名

歲陽歲名之說始於爾雅太歲在甲曰閼逢在乙曰旃蒙在丙曰柔兆在丁曰彊圉在戊曰著雍在己曰屠維在庚曰上章在辛曰重光在壬曰玄黓在癸曰昭陽謂之歲陽在寅曰攝提格在卯曰單閼在辰曰執徐在巳曰大荒落在午曰敦牂在未曰恊洽在申曰涒灘在酉曰作噩在戌曰閹茂在亥曰大淵獻在子曰困敦在丑

曰赤奮若謂之歲名自後唯太史公曆書用之而或有不同如閼逢爲焉逢旃蒙爲端蒙柔兆爲游兆彊圉爲彊梧著雍爲徒維屠維爲祝犂上章爲商橫重光爲昭陽玄黓爲橫艾昭陽爲尚章大荒落爲大芒落協洽爲汁洽涒灘爲汭漢作噩爲作鄂閹茂爲淹茂大淵獻困敦更互赤奮若乃爲赤奮若此葢年祀久遠傳寫或訛不必深辨但漢武帝太初元年太歲丁丑而以爲甲寅其失多矣爾雅又有月陽月名月在甲

曰畢在乙曰橘在丙曰修在丁曰圉在戊曰厲在己曰則在庚曰窒在辛曰塞在壬曰終在癸曰極正月爲陬二月爲如三月爲寎四月爲余五月爲臯六月爲且七月爲相八月爲壯九月爲玄十月爲陽十一月爲辜十二月爲涂考之典籍唯曆書謂太初十月爲畢聚離騷云攝提正于孟陬左氏傳十月曰良月國語至于玄月它未嘗稱引郭景純注釋云自歲陽至月名皆所未詳通者故闕而不論蓋不可強爲之說非

若律書所言二十八舍十母十二子猶得穿鑿傳致也資治通鑑專取歲陽歲名以冠年不可曉解殊不若甲子至癸亥爲明白爾韓退之詩歲在淵獻牽牛中王介甫字說言彊圉自餘亦無說左傳所書歲在星紀而淫於玄枵歲在降婁降婁中而旦歲在陬訾之口歲五及鶉火歲在顓帝之虛歲在豕韋歲在大梁皆用歲星次舍言之司馬倬跋溫公潛虛其末云乾道二年歲在柔兆閹茂玄黓執徐月極大淵獻日謂丙

戊年壬辰月癸亥日以歳名施於月日尢爲不然漢章不自爲文殆是僚寀強解事者所作也

官稱別名

唐人好以它名標牓官稱今漫疏於此以示子姪之未能盡知者太尉爲掌武司徒爲五教司空爲空土侍中爲太貂散騎常侍爲小貂御史大夫爲亞台爲亞相爲司憲中丞爲獨坐爲中憲侍御史爲端公南牀橫榻雜端又曰脆梨殿知雜爲副端又曰開口椒監察爲合口椒諫議爲

大坡大諫補闕今司諫爲中諫又曰補衮拾遺今正言爲小諫又曰遺公給事郎爲夕郎夕拜知制誥爲三字起居郎爲左螭舍人爲右螭又並爲修注吏部尚書爲大天禮部爲大儀兵部爲大戎刑部爲大秋工部爲大起吏部郎爲小選爲省眼考功度支爲振行禮部爲小儀爲南省舍人今曰南宮刑部爲小秋祠部爲冰柄廳比部爲比盤又曰昆脚皆頭乇田爲田曹水部爲水曹諸部郎通曰哀烏依烏太常卿爲樂卿少卿

爲少常奉常光禄爲飽卿鴻臚爲客卿驪卿司農爲走卿大理爲棘卿評事爲廷平將作監爲大匠少監爲少匠祕書監爲大蓬少監爲少蓬左右司爲都公太子庶子爲宫相宰相呼爲堂老兩省相呼爲閣老尚書丞郎爲曹長御史拾遺爲院長下至縣令曰明府丞曰贊府贊公尉曰少府少公少仙此巳見前筆

容齋四筆卷第十六　十二則

漢重蘇子卿

漢世待士大夫少恩而獨於蘇子卿加優寵蓋以其奉使持節褒勸忠義也上官安謀反武子元與之有謀坐死武素與上官桀桑弘羊有舊數爲燕王所訟子又在謀中廷尉奏請逮捕武霍光寢其奏宣帝立録群臣定策功賜爵關内侯者八人劉德蘇武食邑張宴曰舊關内侯無邑以武守節外國德宗室俊彦故特令食邑帝

閔武年老子坐事死問左右武在匈奴久豈有子乎武曰前發匈奴時胡婦實產一子通國有聲問來願因使者贖之上許焉通國至上以爲郎又以武弟子爲右曹以武著節老臣令朝朔望稱祭酒甚優寵之皇后父帝舅丞相御史將軍皆敬重武後圖畫中興輔佐有功德知名者於麒麟閣凡十一人而武得預武終於典屬國蓋以武老不任公卿之故先公縶留絕漠十五年能致顯仁皇太后音書嘗蒙高宗皇帝有蘇武

不能過之語而厄於權臣歸國僅陞一職立朝不滿三旬訖於竄謫南荒惡地長子停官追誦漢史可爲痛哭者已又案武本傳云奉使初還拜爲典屬國秩中二千石昭帝時免武官後以故二千石與計謀立宣帝賜爵張安世薦之即時召待詔數進見復爲典屬國然則豫定策時但以故二千石耳而霍光傳連名奏昌邑王時直稱典屬國豈紀封侯亦然恐誤也

昔賢爲卒伍

三代而上文武不分春秋列國軍將皆命卿處則執政出則將兵載於詩書左傳可考也繇此特謂將帥耳乃若卒伍之賤雖賢士亦爲之不以爲異魯哀公時吳伐魯次于泗上微虎欲宵攻王舍私屬徒七百人三踊於幕庭卒三百人有若與焉杜預云卒終也謂於七百人中終得三百人任行也或謂季孫曰不足以害吳而多殺國士不如已也乃止之此蓋後世斫營劫寨之類而有若亦爲之齊伐魯冉求帥左師樊遲

爲右季孫曰須也弱有子曰就用命焉謂雖年少能用命也冉有用矛於齊師故能入其軍杜預云言能以義勇也皆孔門高弟而親卒伍之事後世豈復有之

兵家貴於備豫

晉盜盧循據廣州以其黨徐道覆爲始興相循寇建康以爲前鋒初道覆遣人伐船材於南康山至始興賤賣之居人爭市之船材大積而人不疑至是悉取以裝艦旬日而辦蕭衍鎮雍州

以齊室必亂密修武備多伐材竹沉之檀溪積茅如岡阜皆不之用中兵參軍呂僧珍覺其意亦私具櫓數百張衍既起兵出竹木裝艦葺之以茅事皆立辨諸將爭櫓僧珍出先所具者每船付二張爭者乃息魏太武南伐盱眙太守沈璞以郡當衝要乃繕城浚隍積財穀儲矢石爲城守之備魏攻之三旬不拔燒攻具退走古人如此者甚多道覆雖失所從爲畔渙之歸然其事固可稱也

渠陽蠻俗

靖州之地自熙寧九年收復唐溪洞城州元豐四年仍建爲誠州元祐二年廢爲渠陽軍又廢爲寨五年復之崇寧二年改爲靖州始時渠陽縣爲治所後改屬沅州而治永平其風俗與中州異蠻酋自稱曰官謂其所部之長曰都幙邦人稱之曰土官酋官入郭則加冠巾餘皆椎髻能者則以白練布纏之曾殺人者謂之能婦人徒跣不識鞋履以銀錫或竹爲釵其長尺有

服通以班紬布爲之裳紀歲不以建寅爲首隨所處無常月要約以木鐵爲契病不謁醫但殺牛祭鬼率以刀斷其咽視死所向以卜多至十百頭凡昏姻兄死弟繼姑舅之昏他人取之必賄男家否則爭甚則讎殺男丁受田於酋長不輸租而服其役有罪則聽其所裁謂之草斷凡貸易之逋甲不能償則掠乙以取直謂之準擘長少相犯則少者出物謂之出面言語相誣則虛者出物謂之裹口田丁之居峭巖重阜大率

無十家之聚遇雖殺則立柵布棘以受之各有門款門款者猶言伍籍也借牛綠於鄰洞者謂之拽門款方爭時以首博首獲級一二則潰去明日復來必相當乃止欲解仇則備財物以和謂之陪頭媛心戰之日觀者立其傍和勸之官雖居其中不敢犯也敗則走謂之上坡志在於掠而不在於殺則震以金鼓而擬其一隅縱之逸謂之遯敗者屈而歸之掠其財而還其地謂之入地兵器有甲冑標牌弓弩而刀之鐵尤良

弩則傳矢於弦而偏架之謂之偏架弩其利倖中土神臂弓雖暑濕亦可用凡佻殺雖微隙必發雖昔釁必報父子兄弟之親不避也子弟爲士人者隷於學雠殺則歸罷則復來荆湖南北路如武岡桂陽之屬猺民大略如此

寄資官

内侍之職至于幹辦後苑則爲出常調流輩稱之曰苑使又進而幹辦龍圖諸閣曰閣長其上曰門司曰御藥曰御帶又其上爲省官謂押班

及都知也在法內侍轉至東頭供奉官則止若
幹辦御藥院不許寄資當遷官則轉歸吏部司
馬公論高居簡云舊制御藥院官至內殿崇班
以上即須出外今獨留四人中外以此竊議言
之詳矣後乃不然逮其遷帶御器械可帶階官
然後盡還所寄之資至於宣政宣慶諸使遥郡
防團觀察其高者爲延福宫景福殿承宣使頃
在樞密行府有院吏兵房副承旨董球於紹興
三十二年正月尚未有正官至四月予接伴人

使回球逼剌字來謁已轉出爲武顯大夫問其何以遽得至此曰副承旨比附武顯郎後用賞故爾蓋亦寄資也

親王帶將仕郎

薛氏五代史梁太祖開平元年五月皇第五男友雍封賀王及友珪簒位以將仕郎試祕書省校書郎賀王友雍爲銀青光祿大夫撿校工部尚書兼御史大夫以親王而階將仕郎仍試銜初品雖典章掃地之時恐不應爾也

郡縣用陰陽字

山南爲陽，水北爲陽，穀梁傳之語也。若山北水南則爲陰，故郡縣及地名多用之，今略敘於此。山之南者，如嵩陽、華陽、恒陽、衡陽、鎮陽、岳陽、嶧陽、夏陽、城陽、陵陽、岐陽、首陽、營陽、咸陽、櫟陽、宜陽、山陽（屬河內郡，太行在北）、廣陽、辟陽、河陽、魯陽、黎陽、樅陽、零陽、巫陽、東陽、韶陽、郴陽、揭陽、弋陽（屬汝南郡，弋山在西北）、當陽、青陽、黔陽、壽陽、麻陽、雲陽、美陽、復陽（南陽復山之陽）、上曲陽（屬常山）、下曲陽（屬鉅鹿）、稒陽（屬五原）

陽蜀雲中水之北者馮翊之池陽頻陽郃陽沈陽扶風之杜陽河東之大陽大河之南平陽平河之陽大原之晉陽汾陽及河陽洛陽滎陽偪陽渭陽淮陽汶陽濟陽襄陽滏陽漁陽遼陽泗陽伊陽永陽滁陽潮陽澧陽灌陽沂陽洮陽沐陽東郡之濮陽東武陽頴川之頴陽昆陽舞陽汝南之汝陽鮦陽細陽灈陽滇陽新陽安陽博陽成陽南陽之育陽涅陽堵陽蔡陽筑陽棘陽比陽朝陽湖陽紅陽江夏之西陽廬江之尋陽九江之曲陽

濟陰之句陽音鉤句瀆之丘沛郡之穀陽扶陽漂陽魏郡之繁陽鉅鹿之堂陽清河之清陽涿郡之高陽饒陽范陽勃海之浮陽濟南之般陽朝陽泰山之東平陽東武陽寧陽北海之膠陽東海之開陽曲陽都陽臨淮之射陽蘭陽丹陽之丹陽陵陽溧陽豫章之鄱陽鄡陽桂陽之耒陽桂陽湞陽武陵之無陽辰陽酉陽零陽零陵之洮陽漢中之旬陽沔陽安陽揵爲之江陽武陽漢陽金城之枝陽天水之略陽阿陽安定之涇陽彭

陽北地之涅陽上郡之定陽鴈門之沃陽劇陽上谷之沮陽漁陽之要陽遼西之海陽右北平之夕陽聚陽蒼梧之封陽趙國之易陽膠東之觀陽長沙之益陽巳上皆見漢書地理志其水之下必曰在某水之陽合山水之稱陽者自有五六十至陰字則甚少蓋面勢在背自難立國邑耳山之北者唯華陰山陰龜陰蒙陰鶉陰雕陰襄陰水之南者汾陰蕩陰頻陰汝陰舞陰濟陰漢陰晉陰蒲陰湘陰漯陰河陰湖陰江陰淮

陰圜陰僮三十而已若樂陽南陽合陽被陽富陽屬泰山者昌陽建陽屬東海者武陽之類尚多有之莫能知其爲山爲水也

杜畿李泌董晉

漢建安中河東太守王邑被召郡掾衛固范先請留之固等外以請邑爲名而内實與并州高幹通謀曹操選杜畿爲太守固等使兵絶陜津數月不得渡畿曰河東有三萬户非皆欲爲亂也吾單車直往出其不意固爲人多計而無斷

必僞受吾吾得居郡一月以計縻之足矣遂詭道從郖津度固遂奉之畿謂固先曰衛范河東之望也吾仰成而已比數十日諸將斬固等首

唐正元初陝虢兵馬使達奚抱暉殺節度使張勸代揔軍務邀求旌節德宗遣李泌往欲以神策軍送之泌請以單騎入上加泌觀察使泌出潼關鄜坊步騎三千布於關外曰奉密詔送公泌寫宣以却之疾驅而前抱暉不使將佐出迎去城十五里方出謁泌稱其攝事保城壁之功

入城視事明日召抱暉至宅語之曰吾非愛汝而不誅恐自今有危疑之地朝廷所命將帥皆不能入故匄汝餘生抱暉遂亡命宣武節度使李萬榮疾病其子迺爲兵馬使欲爲亂都虞候鄧惟恭執送京師詔以東都留守董晉爲節度使惟恭權軍事自謂當代萬榮不遣人迎晉晉既受詔即與傔從十餘人赴鎮不用兵衛至鄭州或勸晉且留觀變有自汴州出者言不可入晉不對遂行惟恭以晉來之速不及謀去城十

餘里乃帥諸將出迎晉入仍委以軍政久之惟恭內不自安潛謀作亂事覺晉悉捕斬其黨械惟恭送京師觀此三者其危至矣杜亞李泌董晉皆以單車入逆城從容妥定其智勇過人如此唐史猶譏晉爲懦弛苟安殆不然也是時朝議以晉柔仁多可恐不能集事用汝州刺史陸長源爲行軍司馬以佐之長源性剛刻多更張舊事晉初皆許之案成則命且罷由是軍中得安初劉玄佐李萬榮鄧惟恭時士卒驕不能禦

乃置腹心之士幕於公庭廡下挾弓執劍以備之時勞賜酒肉晉至之明日悉罷之謂之懦弛實爲失當晉在汴三年而薨長源代之即爲軍士所殺向使晉聽用其言汴亂久矣又李泌傳但云拜陝虢觀察使開車道至三門及殺淮西丁兵於赴鎮事略不書亦失之也

嚴有翼詆坡公

嚴有翼所著藝苑雌黄該洽有識蓋近世博雅之士也然其立說頗務譏詆東坡公予嘗因論

玉川子月蝕詩譏其輕發矣又有八端皆近於蚍蜉撼大木招後人攻擊如正娛篇中擴其用五十本葱爲種薤五十本發丘中郎將爲校尉解摸金扁鵲見長桑君使飲上池之水爲倉公飲上池鄭餘慶烝胡蘆爲盧懷謹云如此甚多坡詩所謂抉雲漢分天章萬斛泉源不擇地而出若用葱爲薤用校尉爲中郎用扁鵲爲倉公用餘慶爲懷謹不失爲名語於理何害公豈一一如學究書生案圖索駿規行矩步者哉四卤

篇中謂坡稱太史公多見先秦古書四族之誅皆非誅死爲無所攷據盧橘篇中謂坡詠枇杷云盧橘是鄉人爲何所據而言昌陽篇中昌蒲贊以爲信陶隱居之言以爲昌陽不曾詳讀本草妄爲此説苦荼篇中謂周詩記苦荼爲誤用爾雅如臯篇中謂不向如臯閒射雉與左傳杜注不合其誤與江揔暫往如臯路之句同荔枝篇中謂四月食荔枝詩愛其體物之工而坡未嘗到閩中不識眞荔枝是特火山耳此數者或

是或非固未爲深失然皆不必爾也最後一篇遂名曰辨坡謂雪詩云飛花又舞謫仙檐李太白本言送酒即無雪事水底笙歌蛙兩部無笙歌字殊不知坡借花詠雪以鼓吹爲笙歌正是妙處坐看青丘吞澤芥青丘已吞雲夢芥用芥字和韻及以澤芥對溪蘋可謂工新乃以爲出處曾不帶芥非草芥之芥知白守黑名曰谷正是老子所言又以爲老子只云爲天下谷非名曰谷也如此論文章其意見亦淺矣

曹馬能收人心

曹操自擊烏桓諸將皆諫既破敵而還科問前諫者衆莫知其故人人皆懼操皆厚賞之曰孤前行乘危以徼倖雖得之天所佐也顧不可以爲常諸君之諫萬安之計是以相賞後勿難言之魏伐吳三征各獻計詔問尚書傅嘏嘏曰希賞徼功先戰而後求勝非全軍之長策也司馬師不從三道擊吳軍大敗朝議欲貶出諸將師曰我不聽公休以至於此此我過也諸將何罪

悉宥之弟昭時爲監軍唯削昭爵雍州刺史陳
泰求救并州并力討胡師從之未集而二郡胡
以遠役遂驚反師又謝朝士曰此我過也非陳
雍州之責是以人皆愧悅討諸葛誕於壽春王
基始至圍城未合司馬昭敕基斂軍堅壁基累
求進討詔引諸軍轉據北山基守便宜上䟽言
若遷移依險人心揺蕩於勢大損書奏報聽及
壽春平昭遺基書曰初議者云云求移者甚衆
時未臨履亦謂宜然將軍深筭利害獨秉固心

上違詔命下拒衆議終於制敵禽賊雖古人所述不過是也然東關之敗昭問於衆曰誰任其咎司馬王儀曰責在元帥昭怒曰司馬欲委罪於孤邪引出斬之此爲謬矣操及師昭之姦逆固不待言然用兵之際以善推人以惡自與并謀兼智其誰不歡然盡心悉力以爲之用袁紹不用田豐之計敗於官渡宜罪己謝之不暇乃曰吾不用豐言卒爲所笑竟殺之其失國喪師非不幸也

取蜀將帥不利

自巴蜀通中國之後凡割據擅命者不過一傳再傳而從東方舉兵臨之者雖多以得儁將帥輒不利至於死貶漢伐公孫述大將岑彭來歙遭刺客之禍吳漢僅不免魏伐劉禪大將鄧艾鍾會皆至族誅唐莊宗伐王衍招討使魏王繼岌大將郭崇韜康延孝皆死國朝伐孟昶大將王全斌崔彥進皆不賞而受黜十年乃復故官

李嶠楊再思

李嶠楊再思相唐中宗皆以諛悅保位爲世所詆然亦有可稱武后時嶠爲給事中來俊臣陷狄仁傑等獄將抵死敕嶠與大理少卿張德裕侍御史劉憲覆驗德裕等內知其寃不敢異嶠曰知其枉不申是謂見義不爲者卒與二人列其枉忤后旨出爲潤州司馬然仁傑數人竟賴此獲脱嶠此舉可謂至難而資治通鑑不載神龍初要官闕執政以次用其親韋巨源秉筆當除十人再思得其一試問餘授皆諸宰相近屬

再思喟然曰吾等誠負天下巨源曰時當爾耳

再思此言自狀其短觀過知仁亦足稱也

容齋四筆卷第十六

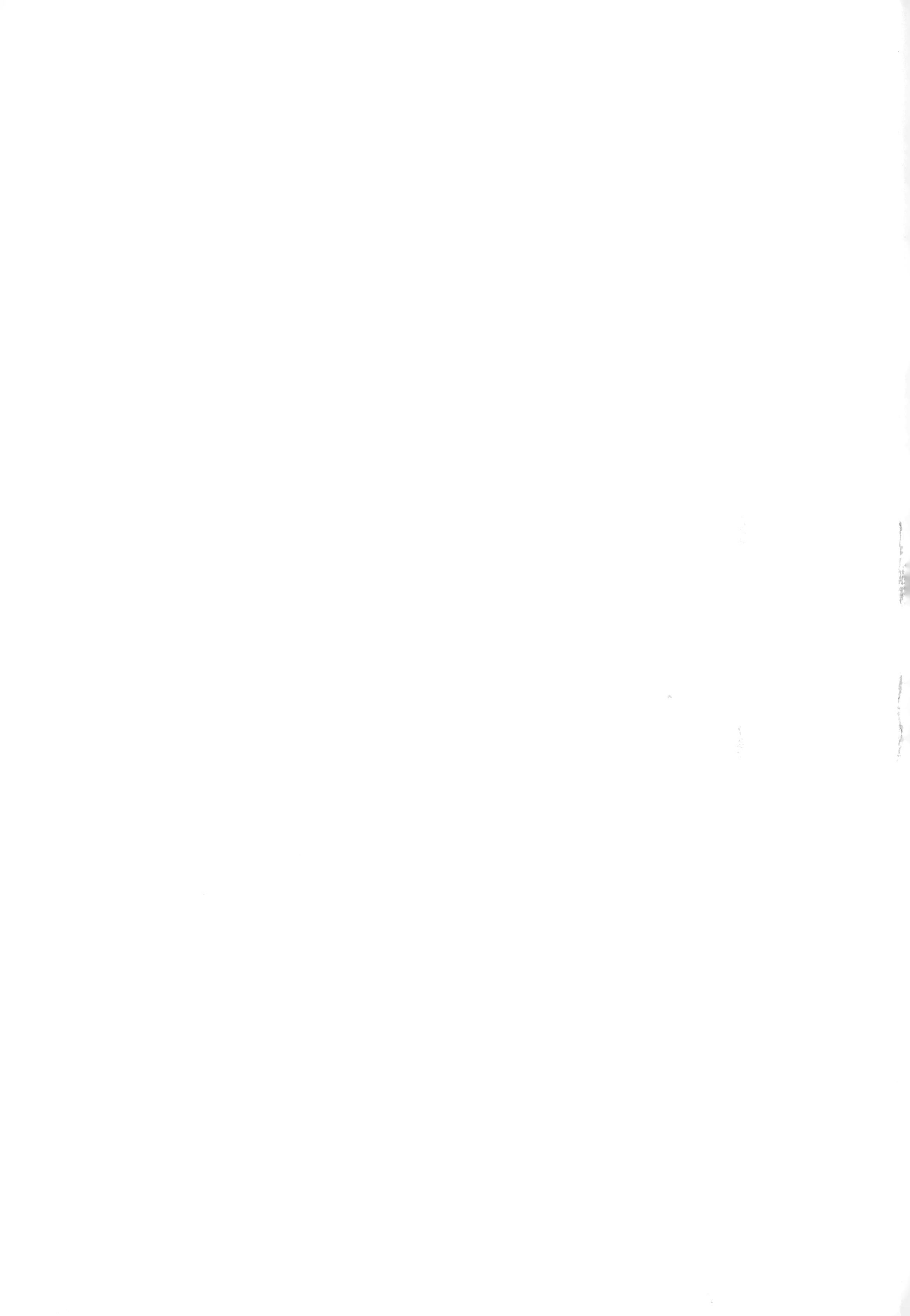